京华通览

西山永定河文化带

主编／段柄仁

永定河与北京

尹钧科 吴文涛／著

北京出版集团公司
北京出版社

图书在版编目（CIP）数据

永定河与北京 / 尹钧科，吴文涛著. — 北京：北京出版社，2018.8
（京华通览 / 段柄仁主编）
ISBN 978-7-200-13854-2

Ⅰ. ①永… Ⅱ. ①尹… ②吴… Ⅲ. ①永定河—介绍 Ⅳ. ①K928.42

中国版本图书馆CIP数据核字（2018）第018210号
审 图 号 京S（2013）034号

出 版 人　　曲　仲
策　　划　　安　东　于　虹
项目统筹　　董拯民　孙　菁
责任编辑　　于　虹　陈　平
封面设计　　田　晗
版式设计　　云伊若水
责任印制　　燕雨萌

"京华通览"丛书在出版过程中，使用了部分出版物及网站的图片资料，在此谨向有关资料的提供者致以衷心的感谢。因部分图片的作者难以联系，敬请本丛书所用图片的版权所有者与北京出版集团公司联系。

京华通览
永定河与北京
YONGDING HE YU BEIJING
尹钧科　吴文涛　著
*
北京出版集团公司
北京出版社　　出版
（北京北三环中路6号）
邮政编码：100120

网　　址：www.bph.com.cn
北京出版集团公司总发行
新 华 书 店 经 销
天津画中画印刷有限公司印刷
*
880毫米×1230毫米　32开本　7.75印张　165千字
2018年8月第1版　2022年11月第3次印刷
ISBN 978-7-200-13854-2
定价：45.00元

如有印装质量问题，由本社负责调换
质量监督电话：010-58572393

《京华通览》编纂委员会

主　　任　段柄仁
副 主 任　陈　玲　曲　仲
成　　员　（按姓氏笔画排序）
　　　　　于　虹　王来水　安　东　运子微
　　　　　杨良志　张恒彬　周　浩　侯宏兴
主　　编　段柄仁
副 主 编　谭烈飞

《京华通览》编辑部

主　　任　安　东
副 主 任　于　虹　董拯民
成　　员　（按姓氏笔画排序）
　　　　　王　岩　白　珍　孙　菁　李更鑫
　　　　　潘惠楼

序

PREFACE

擦亮北京"金名片"

段柄仁

北京是中华民族的一张"金名片"。"金"在何处？可以用四句话描述：历史悠久、山河壮美、文化璀璨、地位独特。

展开一点说，这个区域在 70 万年前就有远古人类生存聚集，是一处人类发祥之地。据考古发掘，在房山区周口店一带，出土远古居民的头盖骨，被定名为"北京人"。这个区域也是人类都市文明发育较早，影响广泛深远之地。据历史记载，早在 3000 年前，就形成了燕、蓟两个方国之都，之后又多次作为诸侯国都、割据势力之都；元代作为全国政治中心，修筑了雄伟壮丽、举世瞩目的元大都；明代以此为基础进行了改造重建，形成了今天北京城的大格局；清代仍以此为首都。北京作为大都会，其文明引领全国，影响世界，被国外专家称为"世界奇观""在地球表面上，人类最伟大的个体工程"。

北京人文的久远历史，生生不息的发展，与其山河壮美、宜生宜长的自然环境紧密相连。她坐落在华北大平原北缘，"左环沧海，右拥太行，南襟河济，北枕居庸""龙蟠虎踞，形势雄伟，南控江淮，北连朔漠"，是我国三大地理单元——华北大平原、东北大平原、内蒙古高原的交会之处，是南北通衢的纽带，东西连接的龙头，东北亚环渤海地区的中心。这块得天独厚的地域，不仅极具区位优势，而且环境宜人，气候温和，四季分明。在高山峻岭之下，有广阔的丘陵、缓坡和平川沃土，永定河、潮白河、拒马河、温榆河和蓟运河五大水系纵横交错，如血脉遍布大地，使其顺理成章地成为人类祖居、中华帝都、中华人民共和国首都。

这块风水宝地和久远的人文历史，催生并积聚了令人垂羡的灿烂文化。文物古迹星罗棋布，不少是人类文明的顶尖之作，已有1000余项被确定为文物保护单位。周口店遗址、明清皇宫、八达岭长城、天坛、颐和园、明清帝王陵和大运河被列入世界文化遗产名录，60余项被列为全国重点文物保护单位，220余项被列为市级文物保护单位，40片历史文化街区，加上环绕城市核心区的大运河文化带、长城文化带、西山永定河文化带和诸多的历史建筑、名镇名村、非物质文化遗产，以及数万种留存至今的历史典籍、志鉴档册、文物文化资料，《红楼梦》、"京剧"等文学艺术明珠，早已成为传承历史文明、启迪人们智慧、滋养人们心灵的瑰宝。

中华人民共和国成立后，北京发生了深刻的变化。作为国家首都的独特地位，使这座古老的城市，成为全国现代化建设的领头雁。新的《北京城市总体规划（2016年—2035年）》的制定和中共中央、国务院的批复，确定了北京是全国政治中心、文化中心、国际交往中心、科技创新中心的性质和建设国际一流的和谐宜居之都的目标，大大增加了这块"金名片"的含金量。

伴随国际局势的深刻变化，世界经济重心已逐步向亚太地区转移，而亚太地区发展最快的是东北亚的环渤海地区、这块地区的京津冀地区，而北京正是这个地区的核心，建设以北京为核心的世界级城市群，已被列入实现"两个一百年"奋斗目标、中国梦的国家战略。这就又把北京推向了中国特色社会主义新时代谱写现代化新征程壮丽篇章的引领示范地位，也预示了这块热土必将更加辉煌的前景。

北京这张"金名片"，如何精心保护，细心擦拭，全面展示其风貌，尽力挖掘其能量，使之永续发展，永放光彩并更加明亮？这是摆在北京人面前的一项历史性使命，一项应自觉承担且不可替代的职责，需要做整体性、多方面的努力。但保护、擦拭、展示、挖掘的前提是对它的全面认识，只有认识，才会珍惜，才能热爱，才可能尽心尽力、尽职尽责，创造性完成这项释能放光的事业。而解决认识问题，必须做大量的基础文化建设和知识普及工作。近些年北京市有关部门在这方面做了大量工作，先后出版了《北京通史》（10卷本）、《北京百科全书》（20卷本），各类志书近900种，以及多种年鉴、专著和资料汇编，等等，为擦亮北京这张"金名片"做了可贵的基础性贡献。但是这些著述，大多是服务于专业单位、党政领导部门和教学科研人员。如何使其承载的知识进一步普及化、大众化，出版面向更大范围的群众的读物，是当前急需弥补的弱项。为此我们启动了《京华通览》系列丛书的编写，采取简约、通俗、方便阅读的方法，从有关北京历史文化的大量书籍资料中，特别是卷帙浩繁的地方志书中，精选当前广大群众需要的知识，尽可能满足北京人以及关注北京的国内外朋友进一步了解北京的历史与现状、性质与功能、特点与亮点的需求，以达到"知北京、爱北京，合力共建美好北京"的目的。

这套丛书的内容紧紧围绕北京是全国的政治、文化、国际交往和科技创新四个中心，涵盖北京的自然环境、经济、政治、文化、社会等各方面的知识，但重点是北京的深厚灿烂的文化。突出安排了"历史文化名城""西山永定河文化带""大运河文化带""长城文化带"四个系列内容。资料大部分是取自新编北京志并进行压缩、修订、补充、改编。也有从已出版的北京历史文化读物中优选改编和针对一些重要内容弥补缺失而专门组织的创作。作品的作者大多是在北京志书编纂中捉刀实干的骨干人物和在北京史志领域著述颇丰的知名专家。尹钧科、谭烈飞、吴文涛、张宝章、郗志群、姚安、马建农、王之鸿等，都有作品奉献。从这个意义上说，这套丛书中，不少作品也可称"大家小书"。

总之，擦亮北京"金名片"，就是使蕴藏于文明古都丰富多彩的优秀历史文化活起来，充满时代精神和首都特色的社会主义创新文化强起来，进一步展现其真善美，释放其精气神，提高其含金量。

2017年11月

目录

CONTENTS

前 言 / 1

永定河孕育"北京湾"

从远古走来 / 7
流域概况 / 7
形成溯源 / 8

携百川入海 / 12
上游区域的永定河水系 / 13
北京段永定河水系 / 16
北京段以下的永定河水系 / 21

历沧桑留名 / 22
隋唐及以前的永定河名称 / 23
辽金至元明时期的永定河名称 / 24
今名"永定河"的来历 / 26

蓟城时代的亲密关系

造文明血脉 / 28
- 上游地区的文明曙光 / 28
- 中游地段的原始聚落 / 29
- 下游地区的文明演进 / 31

北京城诞生的空间 / 34
- 永定河洪积冲积扇的形成 / 35
- 永定河主要古河道及其迁移 / 36

永定河古渡口与蓟城的选址 / 43
- 南来北往的交通枢纽 / 44
- 蓟城选址的合理推断 / 46

丰沛的水源与城市的发展 / 49
- 孕育蓟城的西湖与洗马沟 / 49
- 丰沛清澈的清泉河 / 52
- 格局精巧的金中都都城水系 / 52
- 第一个大型引水工程——车箱渠与戾陵堰 / 54

航运与早期运河 / 61
- 隋代的永济渠 / 62
- 唐代的韦挺运粮 / 64
- 五代时期的东南河 / 65

都城时代的巨大贡献

移城就水——永定河故道续接新水源 / 70
- 金代对都城水源格局的开拓 / 70

元代为新水源将城址迁移 / 76

引水通漕——为漕运提供水力和水道 / 80

辽萧太后运粮河 / 80

金代的金口河 / 81

元初的金口河 / 83

元末的金口新河 / 86

木石之出——为北京提供建材和能源 / 90

永定河流域森林植被的原貌 / 90

永定河流域对北京城建材、能源的供应 / 94

滋润田园——促进北京周边农业发展 / 102

引水浇灌更多农田 / 102

泉水滋润花田园林 / 104

远郊的农业开发 / 107

水力资源的应用 / 108

伤害与冲突

永定河流域的环境破坏和生态退化 / 114

河名变化反映河性变化 / 114

过度开发导致水土流失 / 115

历史上的永定河水灾 / 117

金代及以前的永定河水灾 / 117

元代的永定河水灾 / 119

明代的永定河水灾 / 123

清代的永定河水灾 / 128

	近现代时期的永定河水灾 / 138
	历史上永定河水灾的特点 / 140
治理与改造	对永定河的治理 / 146
	以"堵"为主的治河方略 / 146
	以"疏"为主的治河方略 / 152
	治河机构与防汛分工 / 155
	历史上永定河筑堤的环境效益 / 157
	永定河出西山后的流向从此固定 / 157
	永定河故道地貌及水环境改变 / 160
	下游地区的湖泊淤塞和生态退化 / 165
	对历史上永定河治理之流域环境效应的反思 / 168
文脉悠长 **——永定河文化**	水文化 / 174
	名山文化 / 179
	交通文化 / 186
	古都、古城、古村落文化 / 189
	军事文化 / 194
	宗教和民俗文化 / 196
	煤业文化 / 198
	红色文化 / 202

生机再现

——永定河展望

从根治洪患到复水见绿 / 208

  拦洪蓄水，缚住苍龙 / 208

  治污还清，生态修复 / 210

从生态修复到文化带建设 / 219

  着眼于京津冀协同发展的全流域治理 / 219

  以文化带建设唤醒永定河之魂 / 223

后　记 / 229

前　言

永定河是北京的母亲河。它虽不像天津的海河、上海的黄浦江、洛阳的洛河、哈尔滨的松花江那样，要么穿城而过，要么绕城脚流动；我们也难以看到它碧波万顷、流水汤汤的景象。但是，回顾北京的历史就会发现，我们这个城市的每一步发展都离不开永定河。历史上的永定河哺育和影响着北京城的成长壮大，这是北京城市发展史上无可争辩的事实。

永定河发源于山西宁武县管涔山天池，流经山西、河北、北京、天津二省二市，全长680公里，流域面积47 016平方公里。其中流经北京市的河段长169.5公里，流域面积3 168平方公里，为北京市境内最大的河流，也是最古老的河流。一百多万年前，河水从晋北高原穿过崇山峻岭奔腾而下，在广阔平坦的华北平原上随意地摆动、宣泄所形成的洪积冲积扇，为北京城的形成和发展提供了广阔的地域空间。永定河上的古渡口，作为历史上太行山东麓的南北交通枢纽，是北京城原始聚落——蓟城形成的主要条件之一。永定河水及其故道遗存所形成的莲花池水系、高粱河水系，是从蓟城到北京城的主要水源。永定河中上游流域的森林、煤矿和岩石、沙砾，为北京的城市建设和城市生活提供了必需的建材和能源，同时，它还凭借着自身的运力，承担着向京城输送这些建材和能源的任务。金、元、明、清时期，永定河的一部分水曾经注入北运河，为北京的经济命脉——漕运发挥过重要作用，永定河的水利、水害及河道变迁，直接影响着北京的城市格局和发展方向。不仅如此，它还孕育了悠久、丰富、独具特色的流域文化，流域内的名山大川、城镇村落、交通格局、宗教传统以及风土人情等，无不渗透着永定河古老而深刻的影响。应该说，永定河文化在北京城市发展史上具有母体文化的重要地位，是北京历史文化不可分割的一部分。

曾经享有"清泉河"美称的永定河，在历史上也有过黯淡、惨痛的时期。辽金以后，随着北京都城地位的提升和城市规模的无限扩大，城市建设和城市生活向永定河索取的资源，如水利、木材、石料、土方、煤炭等与日俱增，村庄聚落及农田开垦不断拓展到深山老林，从而导致永定河中上游流域生态环境发生明显变化，森林的破坏和水土流失的加剧，不仅使水源大大减少，而且造成永定河水泥沙剧增，易淤易决。从元代以后，它就被称为"浑河""小黄河""无定河"等，成为经常威胁北京城市安全的一条害河。永定河的滚滚洪流曾多次向北京城倾泻而来，造成了无数生命财产的损失。自明清以来，耗费巨大财力、物力修筑及巩固石景山至卢沟桥以下的河流堤岸，成为中央及历任京官坐镇北京的头等要务。北京城市的水源问题，也因此而不得不另辟蹊径。这是人类向自然界过度索取的沉痛教训。

回顾永定河与北京城市发展之间的脉络渊源和历史关系，我们更深刻地认识到"人与自然和谐发展"这一时代主题的迫切意义。古老而丰润的母亲河曾经为北京的灿烂文明奉献了全部，但人类的过度开发利用却使它失去了往日的风采与生机。现在，是我们回报它的时候了！

进入新世纪，永定河依然是北京的一条重要河流，流域的生态环境状况直接关系到北京的城市安全和经济、社会的可持续发展。2001年，国务院批复实施《21世纪初首都水资源可持续利用规划》，对改善永定河生态系统提出了明确目标。北京市政府更是对永定河的治理高度重视，在治理规划中明确地把永定河流域定为北京市的重要水资源保护区和重要生态功能保护区。2017年正式发布的《北京城市总体规划（2016年—2035年）》更是把"西山永定河文化带"列入了北京历史文化名城保护体系。这就要求我们必须深入了解永定河的历史及现状，探索其生态特点、变迁规律以及文化内涵，从着眼于全流域生态涵养、产业布局和文化发展的高度去关注永定河，把保护、治理、开发永定河与北京城市的可持续发展、与京津冀协同发展的国家战略紧密地联系起来，让古老的城市母亲河在新时代重新焕发生机。

4 / 永定河与北京

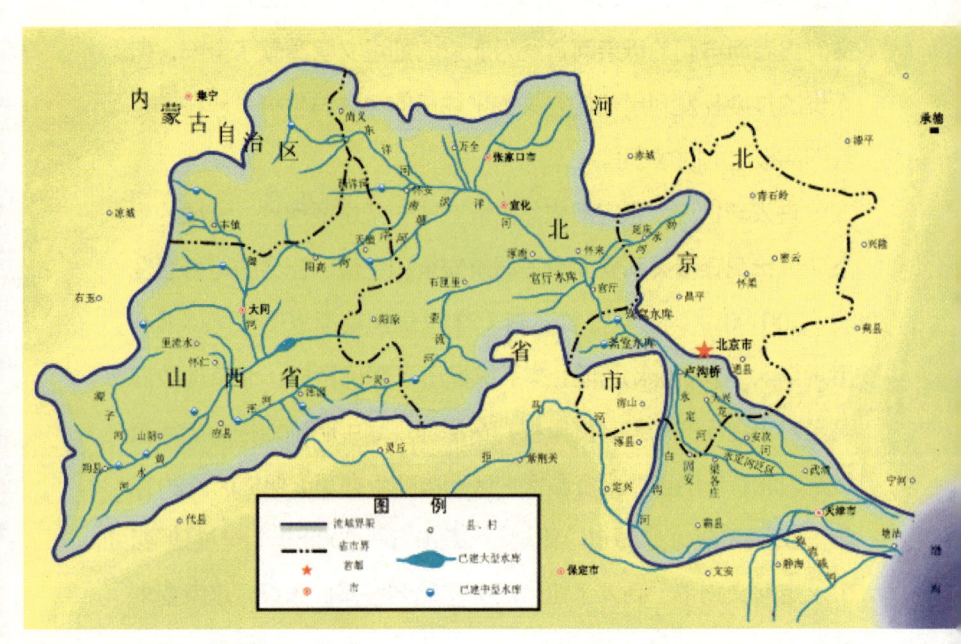

永定河流域图

永定河孕育"北京湾"

北京地区共有五大水系：永定河水系、潮白河水系、温榆河—北运河水系、拒马河水系、泃河—蓟运河水系。它们犹如一个巨大的蘑菇张开在北京小平原上，各水系上游枝分条缕发散开来，如同蘑菇的"盖部"；中游则汇聚成束，相互靠近，如同蘑菇的"茎部"；而下游又各有分汊，如同蘑菇的"根部"。它们将辽阔的上游流域的降雨和泉水汇集起来，从西南、西北、东北三个不同的方向集中流向北京地区，在漫长的第四纪地质时期和人类历史时期共同塑造了北京小平原，为北京地区输送着丰富的水资源。

6 / 永定河与北京

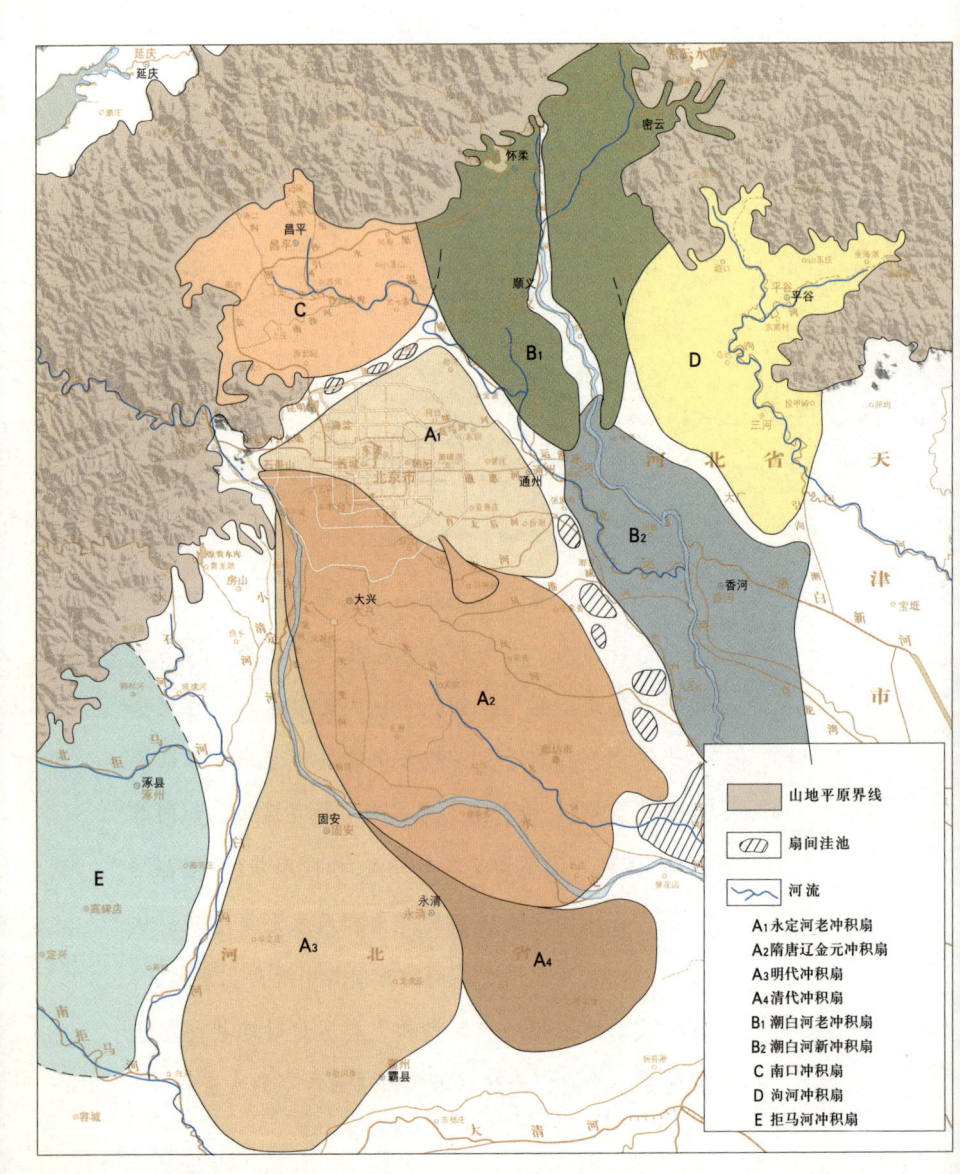

北京地区主要河流冲积扇图

图例：
- 山地平原界线
- 扇间洼池
- 河流
- A₁ 永定河老冲积扇
- A₂ 隋唐辽金元冲积扇
- A₃ 明代冲积扇
- A₄ 清代冲积扇
- B₁ 潮白河老冲积扇
- B₂ 潮白河新冲积扇
- C 南口冲积扇
- D 泃河冲积扇
- E 拒马河冲积扇

从远古走来

永定河是流经北京地区最大的一条河,它的洪积冲积扇构成了北京小平原的主体,北京城就是在永定河洪积冲积扇的脊部形成、发展起来的。

流域概况

永定河发源于山西省西北部宁武县的管涔山,流经山西省朔州、大同,河北张家口地区,北京市延庆、门头沟、房山、丰台、大兴五区,再经河北廊坊、天津武清汇入海河,流至渤海,全长747公里(含永定新河),途经43个县市,流域面积4.7万多平方公里。其中,从河北省怀来县南部的安家漩南即今官厅水库大坝流入北京市境,又至北京市大兴区南端崔指挥营村东,流出北京市界。流经北京市的干流河段约为170公里,流域面积为3 168平方公里,占全市总面积的18.9%。

永定河为海河水系五大支流之一,正源为山西宁武管涔山北麓的灰(恢)河,与源子河在朔州市马邑镇汇合后称桑干河,自阳高县南出山西省进入河北,至怀来朱官屯与洋河汇合后称永定河,东南流自三家店出山,进入华北平原,成为今北京地区最大的河流，又东南经河北、天津，在天津市北辰区屈家店分为两支，一支南入北运河，另一支东南行永定新河，最终均流入渤海。

永定河的主要支流有山西省的浑河、御河，河北省的壶流河、洋河，北京市的妫水河、湫河、清水河等。一般来说，在流域划分上，官厅水库以上为永定河上游，自官厅水库至三家店为永定河中游，自三家店出山以后即进入下游河段。流域整体呈上宽下窄形，上游支流众多，中游相对稳定，下游摆动迁徙频仍，留下很多条故道。

形成溯源

永定河是北京市境内最大的河流，也是最古老的河流。它形成于第四纪更新世（距今 250 万～1.5 万年前）后期，至今已有几十万年的历史了。说起它形成的原因，就又要追溯到 6000 万年前"华北陆台"的地质变化了。"华北陆台"是一个地质学概念，它的面积很大，包括今河北、山西、山东、河南、辽宁五省和内蒙古自治区大部、陕西北部、甘肃东部、安徽北部、江苏北部等地。永定河流域仅是华北陆台上很小的一片地方。

地质学家把地壳发育历史首先划分为隐生宙、显生宙两大阶段。"宙"下再划分为"代"，包括太古代、元古代、古生代、中生代、新生代 5 个"代"。太古代大约起始于 45 亿年前，元古代大约起始于 24 亿年前，古生代大约起始于 5.7 亿年前，中生代大约起始于 2.3 亿年前，新生代大约起始于 6700 万年前。"代"下又划分为"纪"（又称"系"），如元古代后期称为震旦纪，距今约5.7亿年至19亿年间。古生代从早至晚分为寒武纪（7000万年，此为持续时间，下同）、奥陶纪（6000万年）、志留纪（4000万年）、泥盆纪（5000万年）、石炭纪（6500万年）、二叠纪（5500万年）5个"纪"。中生代从早至晚分为三叠纪（3500万年）、侏罗纪（5800万年）、白垩纪（7000万年）3个"纪"。新生代则分为第三纪、第四纪两个"纪"。"纪"下还分为"世"（又称"统"），如第三纪分为古新世、始新世、渐新世（上属老第三纪或早第三纪）、中新世、上新世（属新第三纪或晚第三纪）；第四纪早期称更新世，晚期称全新世，现在仍属于全新世。

　　永定河是新生代的产物。第三纪早期，华北陆台相对稳定，后来在喜马拉雅运动影响下，华北陆台上形成许多断陷盆地。由于当时的气候温暖湿润，这些断陷盆地里积聚了大量的水，形成很大的内陆湖泊。那时候，今大同盆地、阳原盆地、蔚县盆地、涿鹿—怀来—延庆盆地等，都是水面广阔的大湖泊，在涿鹿—怀来—延庆盆地大湖泊的东边，本是燕山运动中形成的山地，经过长期的外力侵蚀，已变成准平原状态，并有一些较短的河流发育，今门头沟区境的永定河河段就是其中的一条，在三家店附近进入"北京湾"，并将大量泥沙砾石搬运到下游堆积下来。为了叙述方便，这条较短的古河流，我们不妨先称之为"三家店河"。在喜马拉雅运动影响下，"北京湾"与河北平原拗折下沉，而西边的准平原地带重新慢慢隆起，从西向东地面一升一降的这种变化，使"三家店河"上游的溯源侵蚀加速加剧，河源越来越接近涿鹿—怀来—延庆盆地大湖，河水也随着地面的抬升而下切，河床变得越来越深。与此同时，涿鹿—怀来—延庆盆地的湖水受喜马拉雅运动的影响，向东的侧压力增大，湖水的波涛对其东岸的侧蚀也加速加剧，大湖东岸不断地崩陷后退，在地层断裂、岩石破碎的地段，湖水的侵蚀更易更快。经过几十万年、几百万年的这种作用，相向进行的"三家店河"的溯源侵蚀与大湖湖水的东向侧蚀终于冲垮之间的薄弱地带后"会师"了。于是，涿鹿—怀来—延庆盆地的浩渺湖水，顺"三家店河"的河道倾泻而下，"三家店河"由一条重新隆起的太行山东麓的小河变成一条穿山而下、汹涌澎湃的大河。至第四纪更新世晚期，大同盆地、阳原盆地等古湖泊的湖水大都已消失，变成湖积平原。但是，夏秋季节降落在这些盆地及其周围山区的雨水，由涓涓细流汇成大河，顺势东注，过涿鹿—怀来盆地，便与"三家店河"联为一体，形成了今永定河的主体河道。

在漫长的第四纪地质岁月里，古永定河从晋北高原穿过崇山峻岭奔腾而下，一过现在的门头沟三家店这个位置便坡势骤缓，再过了卢沟桥所在地则更是一马平川。巨龙突然没有了束缚，便伴随着季节性水量的增减，在这片广阔而平坦的平原上随意地奔流、摆动、宣泄。由于河道坡度减缓，河水流速变慢，大量砾石和泥砂迅速沉积下来，形成了北到清河、东到温榆河—北运河、南到白沟—大清河、西到（房山）小清河的辽阔的洪积冲积扇。其范围包括北京市石景山、西城、东城、朝阳、大兴等区的全部及海淀区南部、丰台区东部、通州区西南部、房山区东缘与河北省固安、永清、安次、霸州的全部及涿州东北隅、新城东部、雄县东北部、天津市武清区西部等，总面积约为 7 500 平方公里，海拔在 50~55 米之间，地势平坦，土壤肥沃，河流密布，淀泊成串，并拥有丰富的地下水，非常有利于农业开垦。北京城就坐落在永定河洪积冲积扇的中上部，丰泽膏腴的土地哺育了北京地区最初

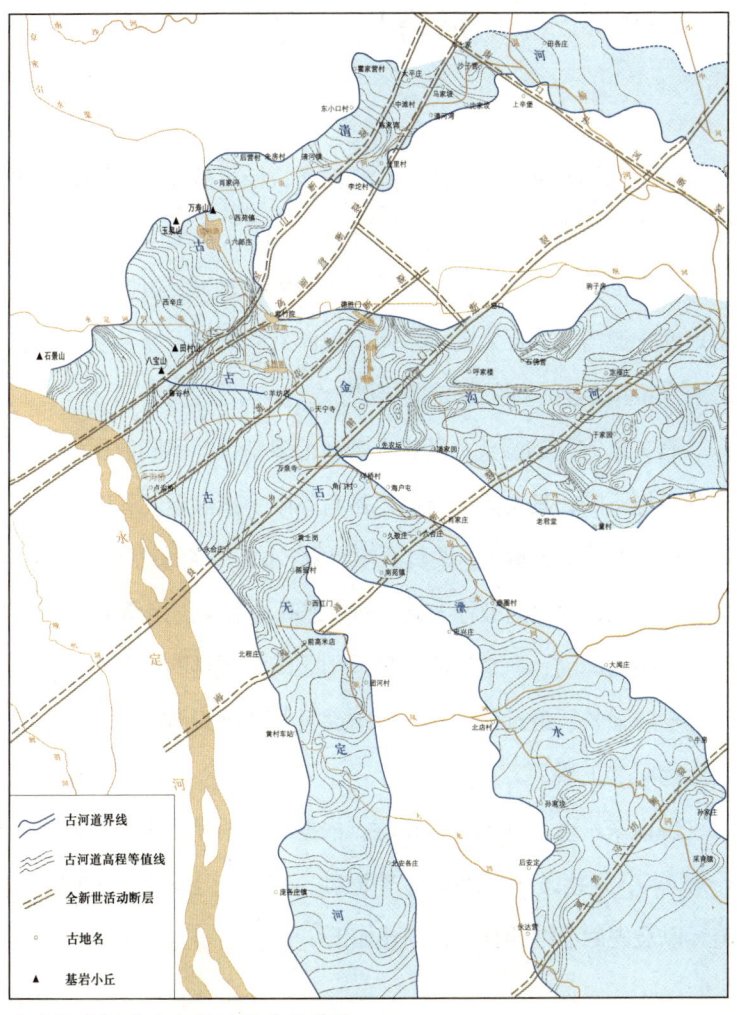

永定河古河道和全新世活动断裂带

的文明，由多个村庄聚落逐步发展为燕国的都城——蓟，进而又逐步演进为区域性的政治文化中心和全国政治文化中心。

携百川入海

永定河的源头多、支脉多、分汊多，枝枝蔓蔓铺散在华北地区的北半部，像一朵蘑菇，"盖部"从山西、内蒙古、河北山区收集各路泉水，不断汇聚成"茎"，到下游又枝分条缕地奔流入海。永定河干道与先后汇入的众多大小支流共同构成了繁杂多变的永定河水系和范围广阔的永定河流域。

有关永定河的源头，历史上曾有很多争议。不同时代，永定河的名称不同，其发源地所指也各有不同：秦汉至北朝时期，永定河被称为治水或㶟水，说其源出自累头山，以今黄水河为正源；隋、唐时期，永定河被称为桑干河，遂有称其源出自桑干泉；元、明时期称为浑河，有谓其源出自恒山之阴浑源县的浑源川。现在则统一以最长、最远的源头——宁武县管涔山天池的灰（恢）河为永定河之正源了。

现以灰（恢）河为干道正源，依据北魏时期《水经注》、《清一统志》、光绪《畿辅通志》等记载，将历史上永定河的流向、流经以及先后汇纳的支流，简述如下：

上游区域的永定河水系

永定河自山西宁武县管涔山分水岭北麓发源后，古称马邑川水，后称灰（恢）河，亦名蔚李河，为永定河的南源，今视为正源。灰（恢）河向东北流，至红崖儿村，伏流十五里，于塔底村南复出，经宁武县东，有黄花涧水自北入注。然后又北流，有凤凰山水注入。北经阳方口西，出长城，入朔州（今朔州市）界，有神泉堡水自西来注之。继续东流，经朔州南，有青羊渠、干涧河、腊河先后注入。又东南流，纳七里河、沙楞河。后折向北，至故马邑城（在今朔县东北40里）南，与灅水、桑干水交汇。三源毕会，以下通称桑干河。

桑干河向东偏北流，收马跑泉水又东流，至西河底村，有雁门关水自西南注入。桑干河又东北流，先后有鄯河、泥河、尾河汇入。经安银子村东南、沙岭之北，至山阴县（指山阴旧城，在河之南）西，北转东折，绕经黄花岗（黄瓜阜）南，又东，有新庄子河自北来会。桑干河又东流入应州（今应县）界，有黄水河、白泥河来会，经大营村南有木瓜河自西来入。桑干河又东南流，经北贾家寨、曹娘子堡，有磨道河自北来入。桑干河又东北流，经臧家寨南清水河自北来会，经屯儿村有里八庄河自北会入。桑干河又东流，经西安堡南，又东经边耀山（在应州北30里）西、赵霸岗（在应州东二十五里）北，浑源河自南合诸水来会。桑干河会纳浑源后，又俗称浑河，泥沙含量增多。又东经郑家庄南，折而北，入大同县界。有大峪口河汇聚红山峪、金龙山、镇子海等8条小河的水自北入注。桑干河又东北流，经瓮城驿，至新桥村南，有浑水（今名御河，流经大同市，是永定河上游较大支流之一）由塞外自北向南注入。桑干河又东流，经古定桥北，又东经西册田、东册田，入河北省阳原县界。

以上是山西省境内永定河上游河段的水系构成，共有一级支流26条、二级支流23条、三级支流3条、总计52条。其中见于《水经注》的有12条，较大者有浑源河（又名崞川水、浑河）、御河（如浑水）等。光绪《畿辅通志》将山西境内永定河支流统计为64条，其中包括桑干河源地的七泉（桑干泉、上源泉、玉泉、金龙池、司马泊、小芦泉、小蒲泉）及乾隆年间开凿的引水渠等。

桑干河进入河北省阳原县后，至芦子屯（在今阳原县城西南40里）北、嘴儿图（在今阳原县城西南约24里）南，有石门沟水会五泉河入注。桑干河又东流，经东、西白家泉堡（在阳原县城南约34里），有王灵池水自南来注。桑干河又东北流，至疙瘩头有浒河合一突泉、徽泉、虎眼泉等自西北来会。桑干河又东经揣骨疃（今阳原县城东南24里）北，有车厂水、濯缨泉自南来注。在揣骨疃桑干河对面辛其庄，又有柳园泉合五里河自西北汇入。桑干河又东北流，一路收集响水沟、汊河、无名沟、谷水、温泉等诸多小河。在辛堡东北、小渡口西，有壶流河汇入桑干河。据《畿辅通志》记载，壶流河长250余里，共收纳了30条河流，是永定河重要的支流。

桑干河纳壶流河后，继续向东北流，至上油房村口，有大黑沟自北注入。然后屈曲东流，至谢家湾出今阳原县界，进入宣化县内，至郭家东北流出宣化县入涿鹿县境。其间有狼洞沟、上河沟、上下沙沟、王家湾泉、抢红崖泉、花园沟、干沙河、望扒儿渠、公务渠、惠南渠等 11 条支流，较大支流有石山口水。桑干河东入涿鹿县境后，东流纳协阳关水、温泉水，流至朱官屯东南、夹庄北，有洋河自西北注入。洋河古称修水、于延水，是永定河最大的支流。

桑干河继续东流，八宝山水自北注入。经沙城堡（今怀来县治）之东南，又有西水泉自北注入。桑干河又东南流，有矾山水自西南注入。此矾山水即《水经注》中的涿水，它出自涿鹿山，迳涿鹿县故城南，与阪泉、蚩尤泉汇合后，"迳祚亭北，而东北入㶟水"（《水经注》"㶟水"篇）。桑干河又东南流，有东水泉和石泉自北来注入。东水泉与石泉总名石河，源出怀来县土木堡北面的炮儿

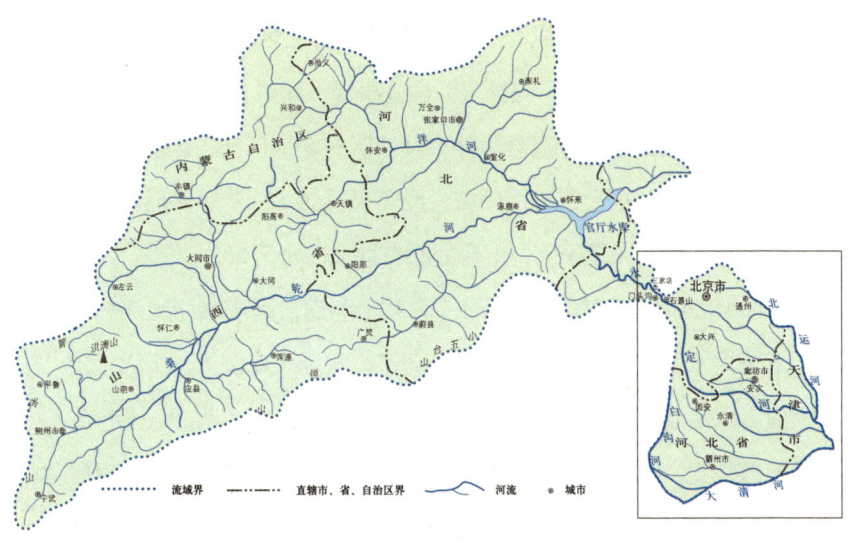

永定河上游水系略图

山，明英宗正统十四年（1449）发生的"土木之变"，战场即在土木附近的石河两岸。

北京段永定河水系

桑干河又东南流，有清夷水自东北注入。《水经注》中对清夷水的记述非常详细，其水源出居庸关北口，西北流至居庸县（今延庆）西与牧牛山水（沧河）会合，下游共道通称清夷水或沧河，今已淹没于官厅水库中。清夷水的主要支流有平乡川水（今为干沟）、牧牛山水（又名沧河，即今妫水河）、古城河（以谷水与浮图沟水之名见于《水经注》，为妫水河之西源）、西龙湾河（《明一统志》所谓龙湾河）、新华营河（为妫水河东源，又名闵河）、地裂沟水（西晋时因地震而形成）、粟水（沽水，今名三里河）、阳沟水（今蔡家河）、温汤水（今佛峪口沟，又名黑龙河）、板桥河、西桑园屯河、泉沟水、花园泉、桓公泉等。这些支流，除花园泉、泉沟水与桓公泉在怀来县境外，其他皆在北京市延庆区境内。清夷水会纳桓公泉后，又西南流，经怀来县城（因修水库而西迁于沙城）西南汇入桑干河，汇合处原有地名曰合河口。

1954年修筑官厅水库后，清夷水河道自延庆城西大路村以下皆为水库淹没，只剩上游妫水河了。官厅水库以下，今称永定河。永定河自合河口又东南流，经水关堡东，南入山区，两山夹峙，形势险要，人称水门，也就是《水经注》里所说的落马洪，官厅水库在此设立大坝。永定河又南流，经旧庄窝村东，北有小清河自西南来入，南有水峪口沟自南来会。又东南经安家漩村南、幽州村西，进入今北京市界。

永定河流进北京市界后，曲折穿行于山间峡谷，直至门头沟三家店附近流出大山。这一段也有多条支流汇入：

永定河入北京市界后，流至檀木沟东，有从斋堂镇北上大水村一带山间流出的狮子沟水自西汇入。流至沿河城，有源出黄草梁南麓、一路汇集了龙门沟、石岩沟、石河诸水的刘家峪沟自西南注入。

永定河自沿河城东北流，至向阳口（一作杏叶口）折而东南流，屈曲经珠窝南（今建有珠窝水库），又至庄户洼东，有湫河自北入注。湫河，源出昌平区老峪沟乡长峪城北，向南流，经五里松、黄土洼、马跑泉等村东，又南经房良口收纳了镇边城沟水后入门头沟区。

永定河又东南转而西南流，至青白口，有清水河自西南入注。清水河，源出灵山东麓江水河村北，沿途收集大地沟、龙王沟、黄塔河、田寺河、北沟、达摩沟、马栏沟、火村沟、灵桂川、十里沟、法城沟等溪流沟渠，在青白口注入永定河。清水河是永定河流经北京市境最大的一条支流，自西南而东北斜贯斋堂川，对斋堂川的历史文化产生了很大影响。

永定河又东北流，有黄岩沟自东南来注入。黄岩沟，水出青水尖北麓，西北流经三锅地，于傅家台东南注入永定河。

永定河又东北流，经傅家台东，转而东南流，经太子墓西，又转而北流经下马岭东，至芹峪东南，有下马岭沟自东北注入。

永定河又东流，经雁翅南，折而西南复转而东南流，过安家庄南，至落坡岭西有清水涧自西南来注。清水涧原名清水河。《宛署杂记》谓"清水河在县西一百一十里大台村，入浑河"。[按：该清水河，即今清水涧。出大汉岭东麓，东北流经千军台、东西板桥、宅舍台（窄石台）、大台、东西桃园等地，至落坡岭村西，入永定河。]

永定河峰回路转地向东流，经王平村东、色树坟北、东西石古岩北、韭园北，有南涧、南港、桥耳涧等小河沟自南来会。又北至下苇甸，有苇甸沟自北而南又自西而东地入注。苇甸沟水出妙峰山西，南流，经大沟、炭厂、岭角等村及上苇甸乡驻地西，至黄台村转而东流，于下苇甸村东南入永定河。

永定河又东北，折而南流，至护驾庄（妙峰山乡驻地）西北，有樱桃沟自北来注之。樱桃沟水出妙峰山东麓，南流，经樱桃沟、桃园等村，至担礼村转西南流，入永定河。

永定河又南转东、又东北转东南流，左有军庄沟来注入。军庄沟水出香山后东山上村，西南流，经东、西杨坨南，至军庄村南，西南注入永定河。

永定河又东南流，至三家店村出山，右合门头沟水。门头沟水出九龙山南麓，东北流，至大峪东入永定河。

永定河汇纳门头沟水后，继续向东南流，只是再也没有一条河沟汇入其中。相反，只有因河水泛滥、河道摆动而留下的汊道、故道，或是为泄洪分流而人工开挖的一些减水河和为了以清刷浑而人为引入的支流。例如，房山区的小清河，本不入永定河，而明代为了用清水冲刷浑河（明代永定河的称呼），特地凿引小清河水东流，于金门闸附近汇入浑河。于是小清河就成为浑河下游汇纳的一条支流了。但到了清康熙三十七年（1698）修筑永定河大堤后，泥沙很快将永定河河床淤高，小清河的清水不能注入永定河，反倒成为永定河排泄洪水的河道了。还有一种情况是，由于河道淤塞和变迁，永定河的干道和支流会互相取代、此消彼长。比如，明代及清朝前期，浑河主流从固安西南流，至雄县、霸州入玉带河归海；或者从固安北东流，经永清县东境、东安县南境、武清县西南境，入淀归海。而同时，辽、金、元时期遗留的浑河故道即龙河、凤河也还有水，独自流至直沽入海。但至清后期，永定河尾闾因泥沙淤积而不断地向北迁摆，晚清时已迁摆至东安县城南和武清县西境，即今永定河所在，占夺龙河、凤河下游河道下泄入海。这样，龙河、凤河也就成为永定河的支流了。

曾经的永定河自三家店出山至白庙村间，分为东、西两股：东股经五里坨西、麻峪村西、石景山西、侯庄子东、四道桥东、庞村西、白庄东，至白庙村南；西股经城子东、大峪东、坝房子西、曹各庄东、上岸东、新圭石西、西新秤（城）东、卧龙岗北，至东河沿（芦井）北，与东股复合，出门头沟区，进入石景山区与丰台区地界，长约20里。东股基本为门头沟区与石景山区界河。又东，经水屯村南、衙门口南，为石景山区与丰台区区界。又东南，出石景山区，经丰台区张仪村西、小刘庄东、齐庄子西、刘庄子东、小郭庄东，至卢沟桥；又东南，经张庄子西、老庄子西、永合庄西与长辛店东、大宁村东，至北天堂（在河东）与高佃村（在河西）间，流出丰台区，转而南流，进入大兴区与房山地界。又

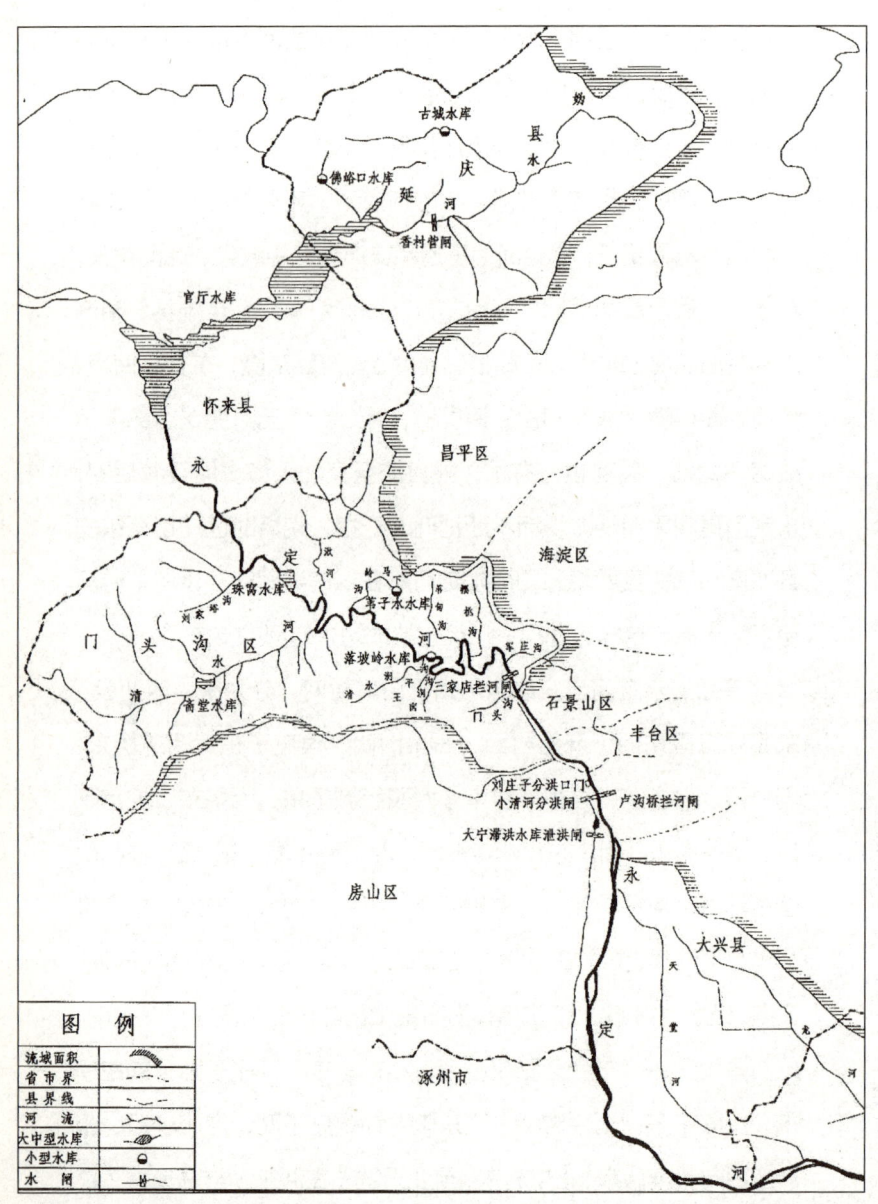

永定河北京段水系示意图

南经大兴区高家堡、立垡、鹅房、六合庄、桑马房、西大营、诸葛营、南北章客、赵村、南庄等村西，至韩家铺；经房山区独义、稻田、马厂、阎仙垡、葫芦垡、下（夏）家场、佛满、公义庄、赵营、任营、万里、窑上、鲍庄等村庄东，至韩营；在韩家铺与韩营之间，转向东南流，出房山区界，进入大兴区与河北涿州市地界。自韩家铺又东南，经大兴区孔家铺、刘家铺、西麻各庄等村西和涿州市北蔡、屯子头、长安城等村东，至大兴区辛庄对岸，流出大兴区与涿州地界，进入大兴区与河北固安县地界。又东南流，经大兴区求贤、阎家铺、东西胡林、十里铺、王家屯、马家屯、东西押堤、石佛寺、崔指挥营等村庄以西或以南，经固安县东西北村、东西杨村、东西坨头、辛立村、东庄、北五里铺、大小孙郭、窦家铺、纪家庄、丁村、河津、辛务、梁各庄等村以东或以北，在崔指挥营和太平庄之东，流出北京市界和固安县界，进入河北安次县与永清地界。如今，这些村庄很多已经消失，部分河道也非原貌，之所以如此详尽地记载于此，也是为了给后人留下更多的历史线索。

北京段以下的永定河水系

永定河流过北京市境，复入河北省地界，先进入涿州市，再流经固安、永清、廊坊，之后进入天津市界。

在河北安次县与永清县地界，永定河下游河道历史变迁极其复杂。就现状来说，是由西向东又转而向东南流，经安次县北寺垡、东更生、王玛等村南，又经大小北市、安乐、西太平庄、孟村、茨平村、西储村、大北尹等村西；经永清县张庄子、安育、陈辛庄、南北陈、琥珀营、柳园等村北，又经南石、东西苑家务、庄窝、东西解口、横亭等村东，于横亭村东南和大北尹西，流出永清县界，完全进入安次县境。自大北尹西东南流，经宗史家务、南史家务、达王庄等村西，朱村、桃园、窑上、西张庄等村东，于朱官屯北折向东流。经大小麻庄、谷庄、麻子屯、前所营、邢官营等村南和崔辛屯、赵庄、杨官庄、前后沙窝、芦七堤等村北，于邢官营与芦七堤二村间，出河北省安次县境，进入天津市武清区地界。

永定河入武清区，东经罗古判南、黄花店、甄家营村北，于豆张庄西南会纳龙河。又东南，经茨州、小营村南，大旺村、城上村（汉泉州县故城）北，下会凤河，于汉沟西南入北运河，共道达天津，汇入海河。1963年华北大水之后，根治海河，于天津之北北运河上修建屈家店水闸，又由屈家店水闸向东开凿永定新河，东经大张庄镇南、朱唐庄北、西堤头镇北、造甲城南，下至宁车沽南会潮白新河，由天津北塘入渤海。

历沧桑留名

永定河在不同历史时期有着不同的名称，同一时期也有着多种称呼，可以说，它是北京地区拥有曾用名最多的一条河。

隋唐及以前的永定河名称

先秦典籍《山海经》中称它为浴水,《汉书·地理志》称它为治水,据谭其骧先生考订,浴水即治水,或因字形相似而传抄致讹,或因读音相近而用字有别,一般多以治水为是,也就是今天的永定河[①]。东汉许慎著《说文解字》,又称其为灢水,文云:"灢水出雁门(郡)阴馆(县)累头山,东入海,或曰治水也。"

在三国时期的文献中,称其为高梁河。魏齐王嘉平二年(250),持节都督河北诸军事、征北将军、建城乡侯刘靖造戾陵遏、开车箱渠、导高梁河,其遏表云:"高梁河水者,出自并州,黄河之别源也。"[②]这里说的出自并州(今山西)的高梁河就是灢水,高梁河也就是灢水的另一个名称。

其后直至魏晋南北朝,均称灢水,《魏书》中"灢"写作"㶟"。北魏郦道元的《水经注》中专有《灢水》篇(有些版本的《水经注》误作"湿水"),对灢水流出西山后的下游河段,则称清泉河:"灢水自南出山,谓之清泉河。"顾名思义,清泉河系因河水清澈而得名。根据郦道元《水经注·灢水》篇中所引《魏土地记》的说法"清泉河上承桑干河",又可知当时灢水上游又称桑干河。关于"桑干"之名的由来,《水经注》说是源自桑干泉:"灢水又东北流,左会桑干水。(阴馆)县西北,上下洪源七轮,谓之桑干泉,即溹涫水者也。"并进一步解释:桑干系"溹涫"之音转;而"溹涫",是指水流呈现沸腾之状。也就是说桑干泉有"上下洪源七轮",泉水喷吐,浪花涌动,状如水沸,故称之为溹涫水,进而音转为桑干水、桑干河。

隋唐时，则上、下游通称为桑干水或桑干河。如《隋书》之《礼仪志》记载："大业七年（611），征辽东，炀帝遣诸将于蓟城南桑干河上，筑二坛，设方壝，行宜社礼。"而《旧唐书》的《韦挺传》中记载了唐太宗为征战辽东而命令韦挺筹运粮草之事，其中有"挺至幽州，令燕州司马王安德巡渠通塞。先出幽州库物，市木造船，运米以进，自桑干河下至卢思台，去幽州八百里"之句。可见，隋唐时期通称灅水为桑干河。

辽金至元明时期的永定河名称

宋、辽、金时期，永定河既称桑干河，又称卢沟河。《宋史·宋琪传》记载：端拱二年（989），宋太宗准备攻打辽，收复幽州，诏令群臣献计献策。宋琪上疏云："从安祖砦西北有卢师神祠，是桑干（河）出山之口，东及幽州四十余里……其桑干河水属燕城北隅，绕西壁而转。大军如至城下，于燕丹陵东北横堰此水，灌入高梁河，高梁岸狭，桑（干）水必溢，可于驻跸寺东引入郊亭淀，三五日弥漫百余里，即幽州隔在水南。王师可于州北系浮梁以通北路，贼骑来援，已隔水矣。"其中反复提到了桑干河，他建议引桑干河水阻挡辽军南进。又，唐宋八大家之一的苏辙有一首《渡桑干诗》："北渡桑干冰欲结，心畏穹庐三尺雪。南渡桑干风始和，冰开易水应生波。"（见《长安客话》卷四）不仅宋朝人这么称呼，辽人也称桑干河。《辽史·圣宗纪》记载：统和七年（989）五月辛卯，"猎桑干河"；十一年（993）秋七月己丑，"桑干、羊河溢居庸关西，害禾稼殆尽"。《辽史·地理志》于南京析津府下列有桑干河之名。由此可见，宋辽时期均称桑干河。但同时又有称卢沟河的："自雄州白沟驿渡河，四十里至新城县……又七十里至涿州……六十里至良乡县，渡卢沟河，六十里至幽州，号燕京……门外永平馆，旧名碣石馆，请和后易之。南即桑干河。"③ 这是《契丹国志》中收录的一篇北宋大臣王曾出使辽朝的《王沂公行程录》，其中就同时出现了卢沟河、桑干河的名称。

至金代，上游专称桑干河，《金史·地理志》于西京路大同府所属大同县，朔州所属鄯阳、马邑县，应州所属金城、山阴县，蔚州所属灵仙、定安等县下，都系有"桑干河"之名可证。同时，下游专称泸（卢）沟河。《金史·世宗纪》载：大定二十六年（1186）五月，"泸沟决于上阳村，湍流成河，遂因之"。同书《章宗纪》载：大定二十九年（1189）六月，"作泸沟石桥"。明昌三年（1192）三月，"泸沟石桥成"。同书《河渠志》也载有"卢沟河"专条，但"泸"作"卢"。明朝人蒋一葵在其所著《长安客话》中有记："以其黑故曰卢沟。燕人谓黑为卢。"也就是说，称其为"卢沟"是因为河水发黑。

元、明两代，该河的名称进一步复杂起来，前代旧名如桑干河、卢沟河既沿袭不废，又出现几个新名。《元史·河渠志》云："卢沟河，其源出于代地，名曰小黄河，以流浊故也。"又云："浑河，本卢沟水，从大兴县流至东安州、武清县，入漷州界。"《明史·河渠志》："桑干河，卢沟上源也。发源太原之天池，伏流至朔州马邑雷山之阳，有金龙池者，浑泉溢出，是为桑干。东下大同古定桥，抵宣府保安州，雁门、应州、云中诸水皆会。穿西山，入宛平界，东南至看丹口，分为二，其一东由通州高丽庄入白河，其一南流霸州，合易水，南至天津丁字沽入漕河，曰卢沟河，亦曰浑河……《元史》名卢沟，曰小黄河，以其流浊也。"这里既有"卢沟河""桑干河"旧称，又有"浑河""小黄河"新名。特别是"浑河""小黄河"的名称，直观地反映了河水中多泥沙的特点。正是因为河水泥沙含量多，致下游淤积严重，使河道常常迁徙，故又有了"无定河"的名称。对此，清朝人包世臣在其《记直隶水道》一文中解释说："浑言其浊，无定以其系流沙，倏深倏浅而名之也。"（载《安吴四种》）值得注意的是，这些新的名称都是自元代始有，而绝对不见于前代文献记载。

今名"永定河"的来历

至清康熙三十七年（1698），才有"永定河"的名称。《清史稿·河渠志》记载："永定河亦名无定河，即桑干下游。源出山西之天池，伏流至朔州、马邑复出，汇众流，经直隶宣化之西宁、怀来，东南入顺天宛平界，迳卢师台下，始名卢沟河，下汇凤河入海。以其经大同合浑水东北流，故又名浑河，《元史》名曰小黄河。从古未曾设官营治。其曰永定，则康熙间所赐名也。"又云：康熙"三十七年，以保定以南诸水与浑水汇流，势不能容，时有泛滥，圣祖临视。巡抚于成龙疏筑兼施，自良乡老君堂口起，迳固安北十里铺，永清东南朱家庄，会东安狼城河，出霸州柳岔口三角淀，达西沽入海，浚河百四十五里，筑南北堤百八十余里，赐名永定"。同书《圣祖纪》云:(康熙)三十七年三月(丙子朔)辛卯(十六日)，直隶巡抚于成龙奏偕西洋人安多履勘浑河，帮修挑浚，绘图呈进，得旨"于六月内完工"。(同年)七月(癸酉朔)癸巳(二十一日)，"霸州新河成，赐名永定河，建河神庙"。显然，康熙皇帝将治理后的浑河赐名"永定河"，是针对旧名"无定河"的，内中寄托着期许该河"永远安流"的美好愿望。虽然后来的永定河水并未完全"永定"，但此河名已沿用三百余年，看来今后也不会废弃，这也可以说是"永定"了。

综上所述，永定河的名称先后共有13个，即浴水、治水、台水、瀑水、湿水、清泉河、高梁河、桑干河、卢沟河、浑河、小黄河、无定河、永定河。毫无疑问，北京地区没有任何一条河流像永定河一样有这么多的名称。永定河名称的这种变化，反映了河流特性的变化。特别是清泉河、卢沟河、浑河、小黄河等名称的演变，直接反映了河水由清变黑，又由黑变黄、变浑，也就是河水中泥沙不断增多的变化过程。为什么会发生这样的变化呢？这是后面要深入探索的一个问题。

造文明血脉

永定河从源出晋北管涔山到天津入海，一路上聚水成川、挟沙衔泥，既塑造了流经之地的山川地貌，又滋养着沿岸人们的繁衍生息。文明的曙光就在它万古奔流的进程中出现了。

上游地区的文明曙光

永定河官厅以上的上游河道长约416公里，流域面积约43 400平方公里，约占总流域面积的92.3%，包括山西省北部、河北省西北部和内蒙古自治区丰镇市、兴和县，为黄土高原东北隅。这一大片流域内既有诸如管涔山、恒山、小五台山、灵山、大海坨、燕然山、大马群山等崇山峻岭，也有大同盆地、阳原盆地、蔚县盆地、怀安盆地、宣化盆地、怀来盆地等一系列山间盆地。在山区，历史上曾分布着茂密的森林；在盆地，则覆盖着厚厚的黄土。整个永定河上游流域都是河水侵蚀区，大约有一半面积为易侵蚀的黄土丘陵区和自然集中产沙区，是永定河中砾石、泥沙的主要源地。

正是在这片土地上，200万年前就孕育出了人类的祖先。今河北阳原县境内的泥河湾一带，从200多万年前到1万年前的旧石器时代早、中、晚期，一直都有人类在此活动的痕迹，呈现出一个古人类文化遗址群落。它包括了距今200万年左右的马圈沟遗址、170多万年前的黑土沟遗址、136万年前的小长梁遗址、100万年前的东谷坨遗址、10万年前的侯家窑遗址以及1万年前的虎头梁遗址等，共出土各种石器、化石5万余件。遗迹内容十分丰富，文化序列相对完整、连贯，几乎涵盖了人类起源和演变的全过程，昭示了永定河流域是人类最早的文明发源地之一。在山西阳高，还发现了距今约20万～10万年前旧石器时代中期的许家窑人；在山西朔州，发现了距今10万年～1万年旧石器时代晚期的峙峪人和鹅毛口古石器工场遗址。鹅毛口遗址中出土了较多的石锄、石镰等农具，还有割剥兽皮、兽肉用的刮削器、尖状器等，可见当时这里人们的生产方式已经由刀耕阶段进入到锄耕阶段，过着以农业为主，兼营狩猎、驯养业的经济生活。鹅毛口石器工场是华北地区最大的一处古石器工场遗址，与内蒙古的大窑、广东的西樵山，合称中国史前时期三大石器制造场。这些都说明了永定河上游对人类文明起源的贡献。

中游地段的原始聚落

官厅水库至三家店之间的中游河道长约108.5公里，流域面积约1 600平方公里，占总流域面积的3.4%，包括门头沟区大部、昌平区老峪沟乡以及河北怀来县东南部。流域内绝大部分为高山、丘陵区，历史上也曾是茂密的森林。这段河道蜿蜒曲折，河道纵向坡度较大，又是北京市暴雨中心之一，故一到汛期，洪水峰高、量大、流急，往往给下游造成威胁。中游流域也是河水侵蚀区，是砾石粗砂的主要产地。

在这一片流域内，也有不少远古先民留下的遗迹，在门头沟区军庄镇灰峪村、王平镇的王平村、清水镇的齐家庄、雁翅镇青白口、松树峪、斋堂镇石羊沟大东宫村、西胡林等地都发现了旧石器时代的遗址，而特别具有代表性的是距今11万年的旧石器时代中期的前桑峪人、距今1万年的新石器时代晚期的东胡林人和卧龙岗遗址等。

前桑峪人遗址，发现于北京市门头沟区斋堂镇前桑峪村马兰黄土台地上，永定河支流清水河北岸，出土的是一个完整的古人类股骨化石，形成于11万年前。结合其出土环境及附属物判定这一带在旧石器时代起已是人类的活动区域。

东胡林人遗址，位于北京市门头沟区斋堂镇东胡林村西，也是永定河支流清水河北岸的二级台地上。它是新石器早期的一处重要遗址，碳-14测年校正约在公元前8300年至前8000年。1966年曾在该遗址发现3具人骨架以及石器、骨器、装饰品等文化遗物，被认定是一座新石器时代早期的墓葬，成为探索北京市乃至华北地区新石器时代早期文化的重要线索[④]。2001年，北京大学考古文博学院和北京市文物研究所联合对东胡林遗址进行了新的发掘[⑤]。此次发掘，除搞清了遗址的文化堆积情况，出土了包括石器、陶器、残存人骨、动物骨骼在内的一批重要遗物外，还发现了人类烧火灶址5处，其中一座灶址底部用砾石块围成近似圆圈状，堆积的灰烬平面范围呈不规则圆形，灰烬内包含烧烤过的砾石块和动物骨头。这为探索整个永定河流域的新石器时代早期人类及其文化，提供了重要素材。

卧龙岗遗址，在门头沟永定镇的卧龙岗村，位于永定河出山口附近的山前台地上，曾出土过石斧、石磨棒、刮削器、陶器等新石器晚期直至战国时期的器物，显示了其作为人类聚落的历史悠久和持续不断。

下游地区的文明演进

三家店以下的下游河道长约155.5公里，流域面积2 016平方公里，约占总流域面积的4.3%。永定河由三家店出山后，进入平原地区，河道较宽，纵坡平缓，河流随意迁摆，变化较大；同时由于河水流速骤减，泥沙沉淀淤积，地表地貌的变化也非常大。尤其是随着上游地区开发力度加大、植被破坏，泥沙含量增加，永定河下游河床填高，形成地上河，汛期洪水暴涨时，极易决堤改道，泛滥成灾。所以，下游是永定河的泛滥区、淤积区。也正因如此，永定河下游地区古人类文明遗址的发现反而稀少，而更多呈现的是有农业开垦史后的人类文明。这其中，极为珍贵的是北京市东城区王府井遗址的发现。

王府井遗址，发现于东城区王府井东方广场地下12米深处，出土了石器、木炭、烧骨、骨片化石等2 000余件，还发现了人类用火的遗迹——炭灰坑、炭屑层等，被认定为距今2.5万年的旧石器晚期人类遗址。从其旁边的河漫滩沉积物分析，两万年前这里曾是永定河的主河道——高梁河（也就是后来人们所称的"三海大河"）的故道，遗址正好位于其东岸堤上。这一发现直接说明了永定河对北京早期聚落形成的影响和北京城产生的基础。

可以说，从 200 多万年前到现在，永定河流域内的人类活动遍布多地，生生不息，而这，正是与永定河水如同血脉般的供养分不开的。

---

① 谭其骧《〈山经〉河水下游及其支流考》，原载《中华文史论丛》第七辑（1978 年 6 月），后收入谭其骧《长水集》下册，人民出版社，1987 年。

② 陈桥驿点校《水经注》卷十四《鲍邱水·刘靖碑文》，上海古籍出版社，1990 年。

③《契丹国志》卷二四，上海古籍出版社，1985 年。

④ 周国兴、万玉桂《北京东胡林村的新石器时代墓葬》，《考古》，1972 年第 6 期。

⑤ 赵朝洪、郁金城、王涛《北京东胡林新石器时代早期遗址获重要发现》，《中国文物报》，2003 年 5 月 9 日。东胡林考古队《北京新石器早期考古的重要突破，东胡林人引起广泛关注》，《中国文物报》，2003 年 11 月 7 日。

蓟城时代的亲密关系

说关系亲密，但却不是相偎相依，因为北京城离永定河还有着一段距离。但这段距离并不妨碍北京城获得永定河水源的滋润，又保证了城市的安全和足够的发展空间。事实上，由于永定河历史上频繁迁移摆动，形成的洪积冲积扇广阔而丰腴，北京城犹如坐落在母亲河宽阔的胸膛上，多条永定河故道并联、叠加而形成的肥沃土地成为孕育北京城的温床。

北京城诞生的空间

永定河自北京西郊三家店流出重峦叠嶂的太行山北段（俗称北京西山）后，在下游形成广阔的洪积冲积扇平原，其范围大致北至清河—温榆河（下游），南至大清河，西至小清河—白沟，东至北运河。

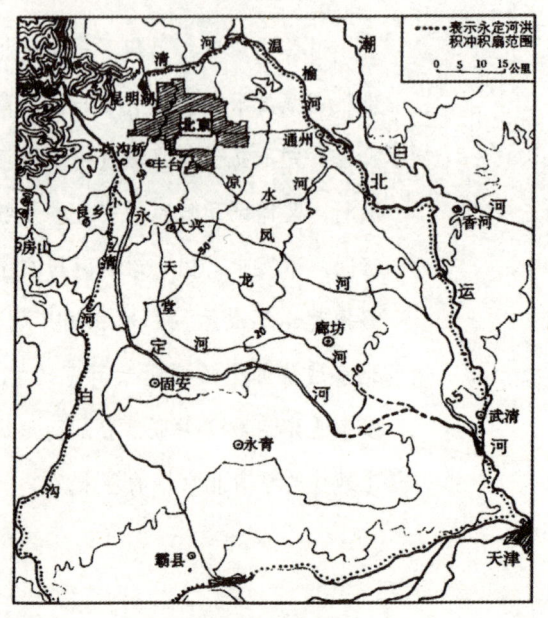

永定河下游洪积冲积扇范围略图

永定河洪积冲积扇的形成

永定河上游地区属于黄土高原东北隅，既有高山峻岭，又有山间盆地，拥有丰富的砾石、沙粒和疏松的黄土资源，容易被流水片蚀和沟蚀，化为砂砾、泥沙随水流走。

永定河流域气候属暖温带大陆性季风气候类型。冬季寒冷干燥，夏季炎热多雨。一般年降水量600毫米左右，但70%~80%集中在夏季，且多暴雨。在一些山地的阳坡，因地形雨所致，往往成为暴雨中心。这种气候特点使永定河水在夏季常常暴涨，汹涌澎湃的洪流有巨大的侵蚀力和搬运力。众所周知，我国的地势西高东低，自西向东呈现三级阶梯状下降，永定河则横跨第二级（太行山以西）和第三级（太行山以东）阶梯。当永定河从第二级地势阶梯（黄土高原和内蒙古高原）向第三级地势阶梯（华北大平原）奔流的时候，在冲过北京西山的河段（从官厅至三家店），长108.5公里，落差达340米，平均坡降为3.2‰；自三家店至卢沟桥河段，长仅17.25公里，平均坡降为2.6‰[①]。这种大坡降的河道，使河水以高屋建瓴之势奔腾而下，势能与动能叠加，大大增强了河水的搬运能力，大量的砾石、泥沙，随湍急的河水倾泻而下，于下游河道淤积、沉淀，形成沃野。

永定河自三家店出山后，进入北京小平原，即华北大平原的西北隅。华北大平原自新生代以来，就处于沉降动态中，是大面积的凹陷区，特别是河北中部，地势最洼，为南北汇水区。历史上，这里分布着许多大大小小的湖泊,有"九十九淀"之说,成为接收永定河水和泥沙的天然场所。

史前时期的永定河流出西山后,主流当向东北或向东流。当永定河洪积冲积扇的北侧,因首先接受永定河从中上游搬运而来的大量砾石和泥沙沉积,地面不断升高之后,其南侧地面变得相对较低,永定河水就会改向东南流,去淤填东南方向较低的地面。就这样,永定河出山后在其洪积冲积扇上的左右摆动,使其洪积冲积扇的发育大致保持均衡状态。

永定河主要古河道及其迁移

据北京大学地理系王乃梁、杨景春等诸位先生利用沉积物的岩性和岩相、冲积砂砾体的特征、卫星照片解译和地貌分析、碳-14年代测定等方法和手段,对北京西山山前平原的古河道共同进行研究的结果,发现有四条从晚更新世后期至全新世发育的永定河古河道,依由北而南的分布顺序,分别命名为"古清河""古金钩河""㶟水"和"古无定河"[②]。

"古清河"从石景山流向东北,经西苑、清河镇到温榆河。宽度一般为3～4公里,最宽可达5公里,最窄处为1.7公里。纵比降为0.5‰～0.7‰,在陈家营至中滩村之间的一段(立水桥一带)达2‰。该古河道的砂砾层掩埋在地表以下3～5米,厚度一般为4～5米,上游厚度可达7～8米。上游石景山一带以砾石为主,粒径一般为10厘米。往下游砾石的比例逐渐减少,粒径也逐渐变小，洼里、陈家营一带的砾石，粒径大多为 3～5 厘米。在中下游的砂砾层之上，普遍发育一层 1～2 米厚的砂层，局部地区在砂层之上，还发育一层 3～5 米厚的泥炭。对在仓营（清河镇东南）东的"古清河"砂层中采到的树干进行碳-14 年代测定，结果是距今 7200 年左右。也就是说，"古清河"是史前时期永定河的故道。

"古金钩河"是永定河出山后向东通过今北京城区的一条古河道。其北岸从紫竹院附近向东，经动物园、德胜门、东直门、麦子店、辛店、驹子房一线，而南界从右安门向东，经陶然亭、贾家园、东八里庄至董村一线。这条古河道南北宽达 7～8 公里，到朝阳门外呼家楼一带分成多股河汊。其纵比降，在八宝山一带达 3.5‰，向东从玉渊潭南晾果厂至天安门之间，以及从朝阳门外呼家楼至于家园一带，都只有 0.7‰。上游为厚层砾石沉积，到北京城区则变为砂砾石层，上部覆盖着 6～8 米的砂黏土和人工土；再到东郊定福庄、于家园一带，古河道中的沉积物则以砂和淤泥为主，砾石很少，并大多埋深在 10 米以下。从地层切割和叠置关系看，"古金钩河"的发育时代和"古清河"相当或稍早。这说明在 7200 年以前，"古金钩河"即已存在，在以后相当长的一段时间内，与"古清河"同时或交替成为永定河的主流河道。前文提到的"古高粱河"（又称三海大河）就是这条故道上的重要一支。

"灅水"是永定河出山后向东南流的一条故道。其北界从八宝山起，向东南经羊坊店、天宁寺、海户屯、鹿圈村至佟家庄一线；南界从黄土岗往东，经南苑、忠兴庄、青云店到夥达营。宽度不一，海户屯一带大约5～6公里，鹿圈村一带收缩为2.5公里，再往下游又宽了。其纵比降在八宝山一段为3.3‰，万泉寺至六合庄一带为0.75‰，大回城到采育一带仅0.5‰。其沉积物，上游八宝山一带为粒径10厘米以上的砾石，夹少量小砾石和砂，组成规则的冲积砂砾体，厚达20～30米；下游采育一带是各种不同规模的砂层透镜体，层层叠加而形成的复式砂体，总厚度达30米以上。对大红门砂层出土的木屑进行碳-14年代测定，结果为距今1420年左右。

"古无定河"是永定河向南流的一条故道，其东界从黄土岗往南，经西红门、团河村到田各庄，西界从卢沟桥向南，经永和庄、黄村、庞各庄等地。上游黄土岗一带河道宽达5公里左右；到黄村、团河一带，河道分汊，单条河床约1公里，至庞各庄又展宽为3.5～4公里。其纵比降各段变化很大，在陈留村至团河、黄村间比降最小，仅为0.3‰～0.6‰。其冲积物在黄土岗以上是厚达20～30米的砾石层，往下游至高米店一带，砾石层变薄，只有10多米。

王乃梁等人的研究表明，上述四条永定河古河道中的"古清河""古金钩河"是7200年前后形成的，"古金钩河"或许更早；而"灅水"是1400年前后的遗存；"古无定河"暂无碳-14年代测定数据，年代不定。这是河道最早形成的年代判断，也是河道相对密集区域的边际划分。实际上，不能肯定距今7200年以后的岁月中，永定河再也没有从"古清河"特别是"古金钩河"的河道流过；也不能说，距今 1400 年以前的年代里，永定河从来没有在"㶟水"一线奔流。因为在人类活动对永定河的河道位置没有施加明显的重大影响之前，永定河出山后，在其洪积冲积扇上左右摆动的概率还是很大的，特别是当夏秋季节河水暴涨时，更容易改道迁流。有迹象表明，商周之际和西汉时的永定河，就曾在"古无定河"或"㶟水"的河道上流过；东汉时，永定河主流也曾迁回到"古金钩河"故道上。但大致说来，永定河的迁徙摆动还是有个从北到南的渐进过程：商以前，永定河出山后经八宝山，向西北过今昆明湖入清河，走今北运河出海。其后约在西周时，主流从八宝山北南摆至今紫竹院，过积水潭，沿坝河方向入北运河顺流达海。春秋至两汉间，永定河自积水潭向南，经北海、中海斜穿出内城，经由今龙潭湖、萧太后河、凉水河注入北运河。东汉末年至隋，永定河已移至北京城南，即由石景山南下到卢沟桥附近再向东，经马家堡和南苑之间，东南流经凉水河入北运河。唐以后，卢沟桥以下永定河主要分为两支，北派仍走马家堡和南苑之间，南支开始是沿凤河流动，元、明后逐渐西摆南迁，曾经摆至小清河、白沟河一线。自有南支以后，南支渐渐成为主流。尤其是元、明以来，出于防患永定河洪水的威胁，人们开始不断修筑和加固石景山至卢沟桥间河段的东岸堤防，使永定河出山后很难向东和向东北流。在人类活动强有力的干扰下，永定河由卢沟桥下流向东南，主流再也没有北迁。但是，在北至凉水河、西至今小清河—白沟之间扇形地域内，永定河的改道泛滥，却每每发生。今凉水河、凤河、龙河、天堂河、永定河、小清河等，都曾是它的故道。随着一次次的泛滥，永定河水把大量的淤泥铺撒在这片区域内，使其不断沉积和加高，渐渐地形成沃土良田，但也给人们造成生命财产的灾难和损失。

鉴于越来越严重的水灾威胁，清朝康熙三十七年（1698），对卢沟桥以下河段进行了大规模的治理，自良乡县老君堂旧河口起直达三角淀，"筑南、北堤百八十余里，赐名永定"[3]。从此，永定河自卢沟桥以下有了完整高大的堤防，河水在两岸大堤的约束下向永清、东安、霸县和武清一带流去，基本形成现在永定河的河道。随着河水奔流的泥沙向下游地区继续淤垫，自清中期至民国年间，固安境内、霸县东境、永清县东南境，东安县南境以及武清县西南境等区域内，原有众多大大小小的淀泊，成为永定河泥沙的消纳场，结果是陆续消失而变成陆地平川。20世纪60年代后，经过对海河流域的根治，才有了永定河下游汇入海河归于大海的现状。

有关各个历史时期永定河河道变迁的一些具体情况还可以通过以下四幅图来大致呈现：

宋永定河下游河道变迁图

元代永定河下游河道变迁图

永定河下游河道变迁图

清代永定河下游河道变迁图

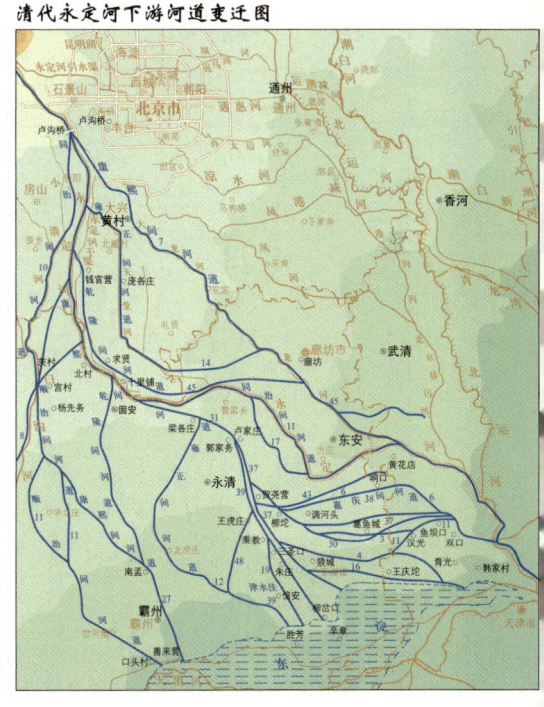

各个历史时期永定河下游河道变迁图

上述不同时期的四条永定河古河道，出山之后，都各自在山前地带形成一个洪积冲积扇。这些洪积冲积扇连接并部分地叠压在一起，构成永定河洪积冲积扇的整体。在各个洪积冲积扇的顶部，都是粒径较大的砾石扇，几个砾石扇连接并部分地叠压起来，

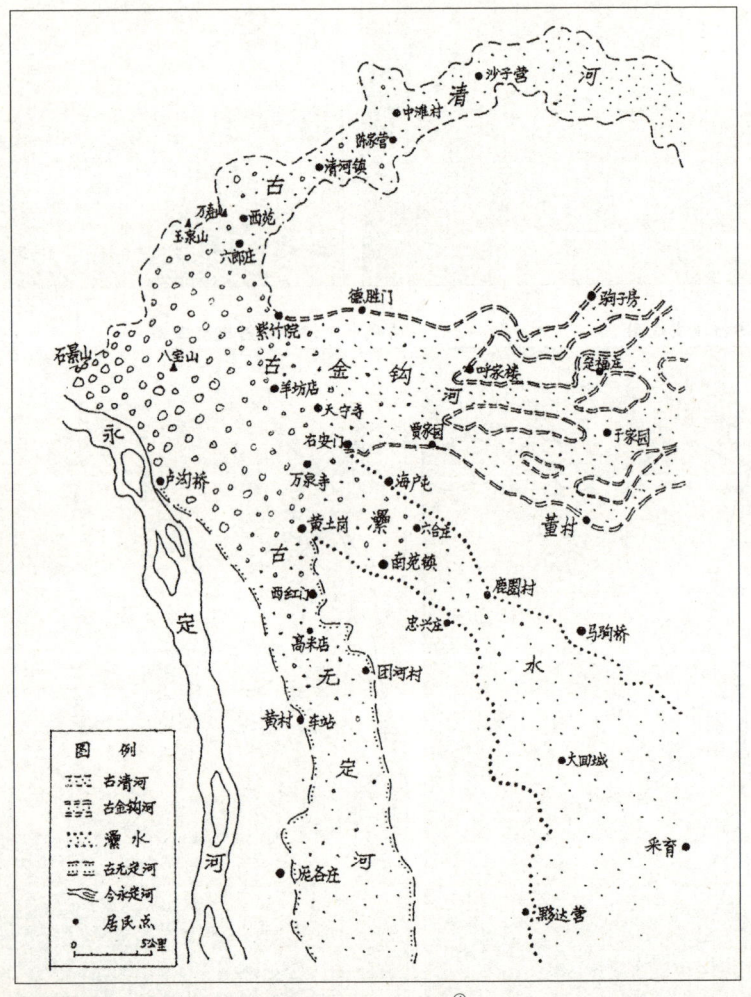

北京西山山前平原永定河古河道分布示意图④

形成一个大砾石扇。其顶部在三家店、石景山一带，其前缘大致在紫竹院、右安门、黄土岗一线。在这大砾石扇以东，四条古河道才明显分开。从总体上看，永定河主流河道的变迁，呈现出由北向南、由西北向东南推进的趋势。当洪水暴涨、泛滥的时候，漫流的洪水又将大量泥沙填补了先前遗留下来的低洼或沟坎，最终形成东西、南北各数百里的坦坦荡荡的永定河洪积冲积扇平原。可以说，这四条不同时期的永定河古河道及其洪积冲积扇，是北京西山山前平原的主要塑造者，也是北京城发育的地理空间。

永定河洪积冲积扇平原为北京城原始聚落的形成创造了优越的地域空间。这是永定河为北京城做出的第一个重要贡献，或者说是"永定河是北京的母亲河"的第一层含义。

永定河古渡口与蓟城的选址

北京地区，西、北、东三面环山，只有中部、南部是平原，人称"北京小平原"。北京小平原状如一个海湾，向北深入太行山、军都山、燕山三大山脉的交接部，而向南与辽阔的华北大平原毗连。几千年前，华北大平原上河道密布，纵横交织，湖泊洼淀众多，不便人们通行。而永定河、潮白河、温榆河、拒马河、泃河五大水系，早已分别从西北、东北、西南及东面，穿过太行、军都、燕山山地，形成一系列山间谷地与通道，成为山前、山后、山左、山右人们往来的必经之途。

南来北往的交通枢纽

受这样的地理环境的影响,远古时代的先民们南下北上进行交往,只有太行山东麓大道、居庸关大道、古北口大道、燕山

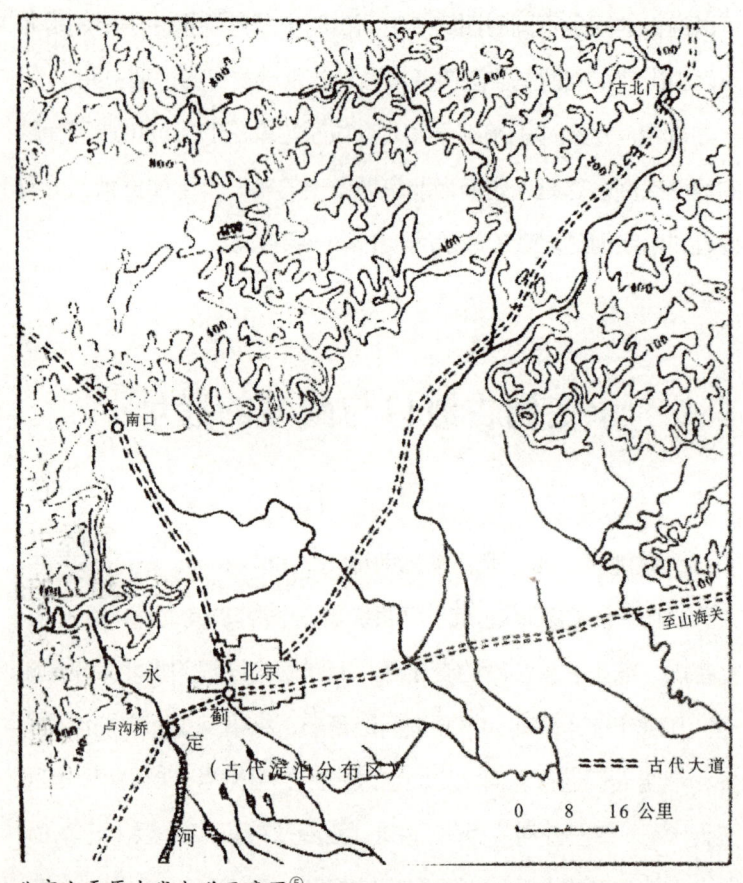

北京小平原古代大道示意图⑤

南麓与山海关大道便于通行。不妨这样设想，当中原农耕区的先民要与北方的游牧或牧猎民族先民交往时，必须循着太行山东麓大道北上，当到达古永定河渡口时，渡河后，路分三条：一是向西北行，出居庸关，径上内蒙古高原，这条道路可称为居庸关大道；一是向东北走，过古北口，可到辽西地区以至松辽平原，这条道路可称为古北口大道；一是往东去，沿燕山南麓前行，出山海关后可去东北各地，这条道路可称为燕山南麓大道或山海关大道。反过来说，当北方牧猎区的先民要与中原农耕区的先民交往时，也必须先循着居庸关大道、古北口大道、山海关与燕山南麓大道，从山后来到山前，而后汇集到古永定河渡口，渡河后，再循着太行山东麓大道南下。因此，古永定河渡口是南北往来大道的枢纽。一般说来，交通枢纽之地是最容易形成大型聚落的。然而，古永定河是一条桀骜不驯的大河，从黄土高原北部跳下几个山间盆地，再穿越崇山峻岭进入北京小平原，河道落差大，水流湍急；加上华北地区的气候特点是降水集中，夏秋季节河水猛涨，洪流滚滚，往往破堤毁岸，泛滥成灾。为了躲避古永定河的水患，几千年前的先民们便着意选择既距渡口不远，又可避开洪水冲击，又有便利水源的高敞之地建立居民点。符合如此条件的地方就在古永定河渡口东北方向约二十里的一处高地上，因此地遍布生长着叶长逾尺、叶片多刺的野生植物——大蓟，而被叫作"蓟丘"。北京城的雏形就在这里生成，因而也被叫作"蓟城"。

蓟城选址的合理推断

《礼记·乐记》记载:"武王克殷,反商,未及下车,而封黄帝之后于蓟。"《史记·周本纪》记载:灭商后,"武王追思先圣王,乃褒封……帝尧之后于蓟"。稍后,又封召公奭于燕,即今房山区琉璃河镇北董家林一带。虽然被周武王分封于蓟的有"黄帝之后"与"帝尧之后"两说,但"蓟"却是同一个地方,这就是今北京城的广安门一带(蓟丘在白云观附近)。侯仁之先生由此提出:"可以认为蓟、燕两地的原始聚落,到了正式建立为诸侯国的时候,就完全具备了城市的功能,因此也就可以认为是建城的开始。在此以前,这两处地方随着南北交通的发展,其原始聚落也应该已经开始具有城市的功能,但是无法断定其开始的年代。有年代可考的,就是从武王伐纣建立封国时开始。"⑥也就是说,且不管周武王到底是封谁人于蓟,"蓟"作为一个具有城邑性质和功能的聚落,在西周初年已经存在。因此,人们把周武王封黄帝(或帝尧)之后于蓟这件事,视为北京始建城的标志或象征。至于周武王灭商和封黄帝(或帝尧)之后于蓟是在哪一年,史学界曾众说纷纭,莫衷一是。近年来,"夏商周断代工程"的研究成果始将武王伐纣克商之年基本确定为公元前 1046 年⑦。由此可以推断,具有城邑性质和功能的蓟在公元前 1046 年前早已存在。

有人会提出疑问,在蓟城最初形成的时候,古永定河是否流过今卢沟桥处呢?如果当时的永定河不从今卢沟桥下流过,也就是说如果古永定河上的渡口不在今卢沟桥处,那么,上述关于蓟城形成的论说，还站得住脚吗？这的确是一个切中要害的问题。前文也说过，在人类活动对永定河的河道位置没有施加明显的重大影响之前，永定河出山后，在其洪积冲积扇上左右摆动的概率还是很大的。也有迹象表明，商周之际和西汉时的永定河，就曾在"古无定河"或"灅水"的河道上流过；东汉时，永定河又曾迁回到"古金钩河"故道上。所以，在蓟城未形成之前，古永定河的渡口未必只有一个，很有可能在高粱河上或清河边都有。但不论古永定河上有几个渡口，即使假如这个渡口在今西直门外的高粱河上，同样会受到暴涨洪水的威胁，在渡口处也不宜建立居民点。此其一。其二，无论是金钩河故道、灅水故道、无定河故道还是清康熙以后的永定河，今卢沟桥所在的位置正好位于这几条故道交叉重叠的"根部"，南来北往的先民们，依然要沿着上述几条大道来到这里，跨过古永定河的一条或若干河道（从北边南下的则是先跨过河道再聚集在这里），然后再分道北上或南下。相比而言，这个渡口的重要性和聚集度是最高的，存在的时间也最长。所以，距此渡口不远的蓟丘附近，成为北京城的最早居民点是非常合情合理的。侯仁之先生关于北京城起源说的中心思想并不应该因渡口的具体位置而受到质疑。但值得关注的是，有关蓟城的具体位置，学界还存在诸多分歧，比较有代表性的说法是以东汉末年为界有前期蓟城和后期蓟城之分，对后期蓟城的位置基本没有疑义，而关于前期蓟城，由于缺乏考古依据，推测出来的结论就不免五花八门。其中，比较有说服力的是赵其昌和陈平两位先生的看法。赵先生推断前期蓟城位于后期蓟城西四里或者南面一点点（后蓟与前蓟南北城墙相接）[⑧]，陈先生则认为早期蓟城位于后期蓟城的东面一点点（后蓟与前蓟东西城墙相接）[⑨]。他们都认为前后两个蓟城有交集叠压，而城址迁移的原因正是古永定河的泛滥、迁徙。前面说过，东汉时，永定河走的是金钩河故道上的高梁河（即三海大河）一线，而到东汉末年以后，永定河主流开始南摆到㶟水故道（凉水河一线）上，很可能就是这个时期的某次泛滥把前期蓟城冲毁，迫使人们往地势更高的方向（离蓟丘越近地势越高）重建新城。因此，无论前后蓟城之说是否成立，都不影响蓟城是建于蓟丘附近这个大致方位的判断，何况前后蓟城的位移其实相距并不太远，反而更说明了趋近永定河渡口和趋避永定河水害这双重影响下蓟城选址的合理性。

最初的蓟城形成之后，由于所处地理位置的优越性和重要性，城市持续发展，历久而不衰。西周初年成为蓟国之都，后来又成为燕国之都[⑩]。自秦、汉历魏、晋、南北朝，至隋、唐、五代（后梁、后唐），蓟城或为王国之都，或为州郡县治所，一直是北方的行政中心和中原封建王朝经略东北边疆的军事重镇。直到辽会同元年（938），契丹政权占据了这里，升幽州（治所蓟城）为南京（又称燕京），建为陪都。从此，"蓟城"之名才成为历史，而蓟城的发展进入一个新的阶段——都城时代，辽南京、金中都相继在蓟城的位置上进一步发展、壮大。

丰沛的水源与城市的发展

说起永定河哺育北京城市成长的重要作用，其最直接的表现就是构成了从蓟城到金中都两千多年发展历程的城市水源。

孕育蓟城的西湖与洗马沟

从商周蓟城，到战国燕都、唐幽州城、辽南京城、金中都城，都是由蓟城在同一地点发展起来的不同阶段的城市，其中心位置就在今西城区广安门一带。前面说过，蓟城得名于"蓟丘"，据考证，蓟丘坐落在今广安门外西北的白云观附近，白云观西墙外原有一处高丘（20世纪五六十年代还可见到），很可能就是古代蓟丘的遗迹。所谓"丘"，其实是永定河洪积冲积扇的一条扇轴，地势较高。而附近则是永定河冲积扇的"低谷"，也就是它的潜水溢出带，绿野平畴，流泉萦绕，湖塘相间，还有丰沛的地下水，十分便于凿井汲水。蓟城西北一带众多溢出的泉流汇集成了一个大湖，又称西湖，今莲花池就是它的遗迹。这个城西之大湖就构成了蓟城的主要水源。

借助于北魏时期郦道元所著《水经注》的《灅水》篇，我们对这个西湖以及古永定河（灅水）与蓟城的关系可以有个清晰的

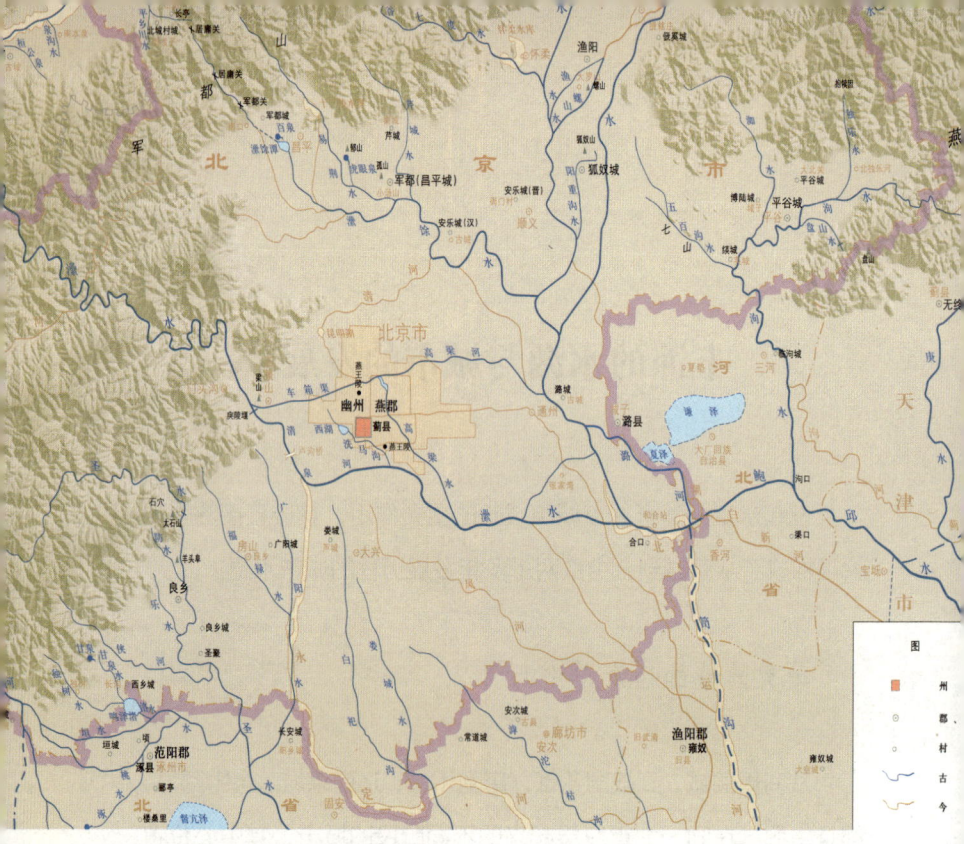

北魏时期北京地区水系复原图

认识。成书于三国时期的《水经》原记载如下：漯水"过广阳蓟县北"，而在郦道元的注文中则变成了"迳蓟县故城南"。这一变化反映了从东汉至魏晋间的永定河河道变迁。《水经》中流经蓟城北的漯水，就是金钩河故道上的古高梁河（即三海大河）——从今石景山附近向东流，经八宝山北、田村、半壁店、紫竹院、高梁桥，再由德胜门以西入积水潭、什刹海、北海、中南海，穿过长安街从人民大会堂西南、前门向东南流，经龙潭湖再向东南，至马驹桥附近汇入漯水故道，是"永定河从晚更新世以来延续到全新世的一条古河道"[11]，其消亡"大约可以晚到汉代"[12]。本书前文有关"王府井古人类文化遗址"的发掘也证实了这条古河道的存在。而到郦道元所在的北魏时期，才逐渐南迁至今右安门外的凉水河一线，所以郦道元记载㶟水"迳蓟县故城南"。可见，魏晋以前，水量巨大的古永定河流出西山之后，在北京平原西北高、东南低的地势引导下，发生河流改道或者分汊漫流、多股并存的情况是很正常的，而期间一直处于稳定状态的蓟城，其实是见证河流改道的参照物。

㶟水到达蓟城附近后，就与上文所说的西湖相遇了。《水经注》卷十三《㶟水》篇记载：（㶟水）"又东与洗马沟水合，水上承蓟水，西注大湖。湖有二源，水俱出（蓟）县西北平地，道（导）泉流结西湖。湖东西二里，南北三里。盖燕之旧池也。渌水澄澹，川庭望远，亦为游瞩之胜所也。湖水东流为洗马沟，侧城南门东注……其水又东入㶟水"。也就是说，"西湖"其实是古永定河河床上的一个潴水湖，其湖面宽广，风景如画，郦道元时代就已是著名的游览胜地。从湖中流出的"洗马沟"（相当于今莲花池河）水，沿蓟城西南折向东流，被直接引用为蓟城的城市水源，不仅提供居民牲畜的饮用水源和城池苑囿用水，它本身也是蓟城护城濠的一部分。流经蓟城之后，又于蓟城之南汇入㶟水，成为古永定河的重要支流。

近几十年来的考古发现，在今西便门至和平门一线往南，至姚家井、郭公庄一带，广布着上至春秋战国下至五代及辽金大量陶井与砖井。这正是北京的先民们取水于永定河的遗迹。

丰沛清澈的清泉河

特别值得注意的是,《水经注·灢水》篇里明确记载"灢水自南出山,谓之清泉河",也就是古永定河出西山后流经蓟城以南的这一条河被称作清泉河,"清泉至潞,所在枝分,更为微津,散漫难寻故也"。这一段描述了北魏时期灢水下游表现为多条分支漫流的状况。郦道元告诉我们,高粱河凭借平地涌泉的水量补充保持了原有河道的模样,而清泉河行进到渔阳雍奴县(今天津武清区西北旧县村)后分汊成很多条小河沟,在下游平原上大体呈自西向东方向漫流,一部分与由北向南的潞水(今北运河)汇合,其余的则水量趋于微小,逐渐消失在雍奴薮等大大小小的淀泊中,因而形成了"高粱无上源,清泉无下尾"的局面。西晋发生"八王之乱"时,成都王司马颖密令右司马和演设法杀死都督幽州诸军事的王浚,"于是与浚期游蓟城南清泉水上"[13],也是指的这一段河流。事实上,"清泉河"的名称一直延续到隋唐时期,这说明了永定河在相当长的历史阶段水量丰沛而稳定,水质清澈而美丽,河流的含沙量较小。

格局精巧的金中都都城水系

正是有了这条清澈美丽的大河,从先秦时代的蓟城到金中都的两千余年间,城址始终在今以广安门为中心的一片区域。金朝在此建中都城后,一方面,仍引西湖水入护城濠环绕全城,同时汇聚城西的百泉溪、丽泽泉（分布于今丰台区万泉寺、凤凰嘴、水头庄一带）等平地泉流，作为护城濠和洗马沟水源的补充；另一方面，将洗马沟上游一段圈入城中，使其在中都城西北部与护城河交汇后，穿墙而过继续向东、向南，在原辽南京城的显西门以南分为两支，一支继续向南而后向东，另一支则进入皇城内，作为宫廷园林的水源。依此，金朝建造了风景秀丽的同乐园（又称西华潭），《大金国志》卷十三所记"瑶池、蓬瀛、柳庄、杏村皆在焉"。从同乐园南端又分出一支清流东入宫墙，在宫城西南一隅开辟了华美的鱼藻池，其遗址即今广安门南、白纸坊西的青年湖一带。鱼藻池的南端又开凿了一条南流的小渠，水流在皇城南墙外重新汇入洗马沟。经过这样一番整治后的莲花池水系，基本满足了金中都城池格局的用水需求，并在中都城内营造出一派碧水环绕、水清木华的优美景致，可以说是开了北京引水造池修建皇家园林的先河。

金中都城内原有的河流也不少，比如原辽南京城的护城河以及大大小小的一些湖塘，它们都与莲花池水系相连通，仿佛是以西湖为起点、以洗马沟水为轴心，铺展在中都城内的珍珠串。水在进出中都城的时候也都有专门的通道。已发现的金中都水关遗址，就是洗马沟水流出中都南城墙下的遗迹。

维系了蓟城—金中都两千余年的西湖水系到明代时就已经荒废，但直到晚清仍有记载称："南河泊，俗呼莲花池，在广宁门外石路南。有王姓者，于此植树木，起轩亭，有大池广十亩许，红白莲满之，可以泛舟，长夏游人竞集。"⑭ 近几十年间，莲花池

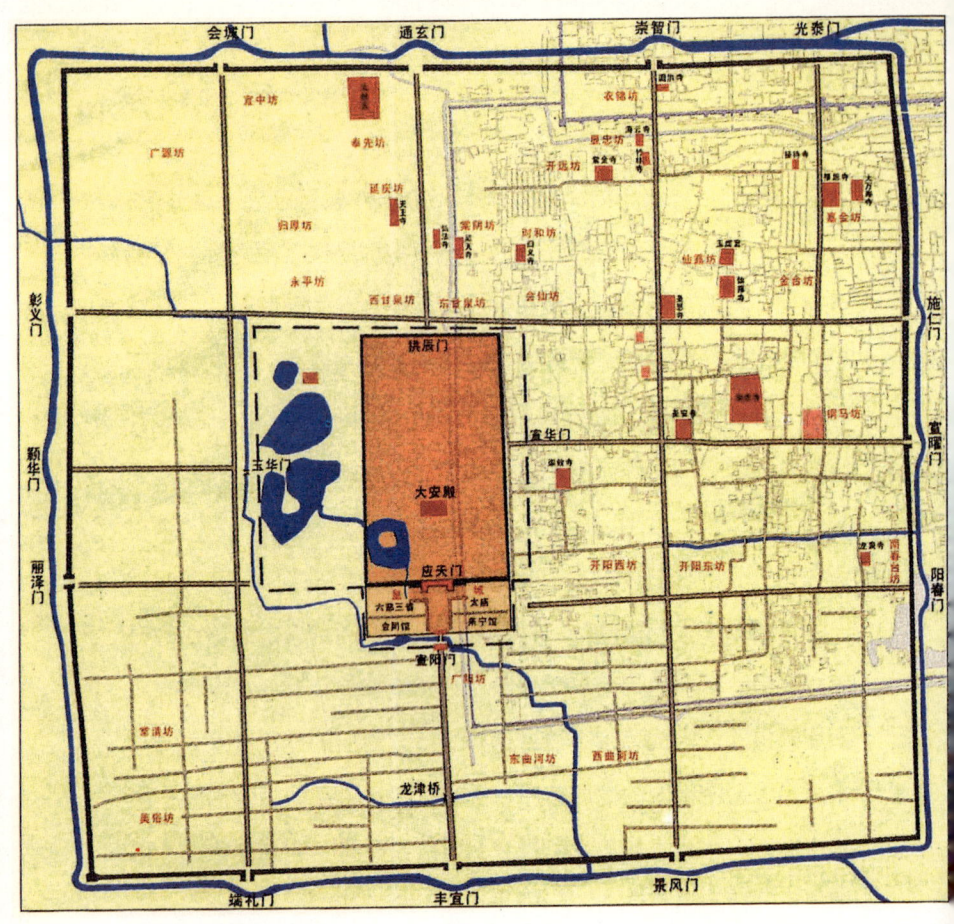

金中都城图

已渐渐干涸。但鉴于该水系在北京都城史上所具有的特殊标志性意义，20世纪90年代，北京市政府将其加以修整保护，留下了一片浅浅的水面，也算是为后代留下了永定河曾作为蓟城时代城市水源的重要历史证据和文化印迹。

第一个大型引水工程——车箱渠与戾陵堰

由于水源丰沛，永定河流域（尤其是中下游区域）在历史上属于开发较早、农业较发达地区。自古以来，人们因地制宜，创造出很多种引水灌溉的方式，留下了丰富的农田水利建设经验和文化遗产。

历史上第一个大规模引永定河水灌溉土地的水利工程，是三国魏镇北将军刘靖创修的戾陵堰与车箱渠。关于这件事，北魏郦道元《水经注》记载的"刘靖碑"及其"遏表"以及《三国志》的《刘靖传》中，都有比较详细的记录。刘靖与其父刘馥、其子刘弘，是中国历史上少有的祖孙三代致力于兴修水利的杰出人物，刘靖、刘弘的水利贡献直接体现在修建和维护戾陵堰与车箱渠方面，并对后世的水利事业产生了久远的影响。

我们借助于郦道元《水经注》记载的"刘靖碑"与"遏表"，参考《三国志》中的刘靖传记，可以比较清楚地认识魏晋时期戾陵堰、车箱渠的水利价值与变迁过程。

《三国志》卷十五记载，刘靖为政有其父刘馥的遗风，非常重视百姓疾苦与农业生产。由大司农卫尉迁镇北将军、假节都督河北诸军事之后，他"开拓边守，屯据险要。又修广戾陵渠大堨，水溉灌蓟南北，三更种稻，边民利之"。为了保持边境地区的长期稳定，刘靖一方面加强险要地段的军事防御，一方面开渠引水灌溉农田、种植水稻，解决军粮供应与地方经济问题，显示了突出的军事谋略和政治远见。

《水经注》卷十四《鲍丘水》则更详细地告诉我们，刘靖到任后，登上灅水边的梁山（据学者最新考证，梁山应是今石景山区四平山—黑头山[15]），实地考察源流与周围地形。他赞赏战国时期秦国在关中地区开渠引水以强国富民的壮举,决心仿效前贤在蓟城一带兴修水利。因此派遣手下的丁鸿督率上千士兵,于三国魏嘉平二年(250)在㶟水之上修建拦河坝("戾陵遏"或称"戾陵堰"),在梁山与石景山之间的垭口设水门(水闸),向东利用古高梁河河道开凿车箱渠,将㶟水引向东入高梁河河道,以此灌溉蓟城南北的农田。戾陵遏的施工方法是:首先加固㶟水堤岸以提高抗冲刷能力,再把用藤条或竹木编织的笼子装满石块,用一个个石笼堆垒成高一丈、东西长三十丈、南北宽七十余步的主遏,也就是一道拦河的滚水坝,阻截㶟水主流以抬高上游水位。在滚水坝之上,紧靠河道北岸设立四丈宽、高十丈(亦有学者疑为"十尺"之误)的水门。一旦遇到山洪暴发,㶟水主干的河水就漫过滚水坝向下游分泄。当水位处在平常高度而需要灌溉农田时,就打开北岸的水门把㶟水引入高梁河。修建了戾陵遏与车箱渠之后,在刘靖管辖范围内,每年灌溉水田两千顷,由此受益的土地达一百多万亩。

因为百姓需要的粮食日益增多,用于运粮的费用越来越不充裕,于是景元三年(262)某月的辛酉日,皇帝颁布诏书,派遣樊晨充当主管河堤事务的官员(谒者),重新改造水门。朝廷限令把水田千顷,共计土地四千三百一十六顷,从原属军队屯种的范围内划出转交给所在郡县(军队屯种的水田核定为五千九百三十顷),以解决地方百姓的粮食供应问题。经过樊晨的改造之后,从㶟水引出的水流沿着车箱渠,自蓟城西北流过昌平县所属区域,向东到达渔阳郡潞县(今北京通州一带)境内,滋润了沿途四五百里的土地，得到灌溉的田地有一万多顷。有了车箱渠，地势高的地方照样可以引水，广平低湿之地也能够耕种。疏通水道即可灌溉农田，掘开沟渠能够分流排水。渠口导流，如同放开一道道湍急汹涌的水门；清水灌田，就像播撒一阵阵滋润禾苗的甘露，既造福于当时，又惠及后世。

到了西晋元康四年（294），刘靖的小儿子骁骑将军、平乡侯刘弘，被朝廷任命为使持节监幽州诸军事、兼任护乌丸校尉、宁朔将军。此时，距离他父亲刘靖主持修建戾陵遏已经过去了40多年。元康五年（295）六月，㶟水上下洪水暴发，毁损了戾陵遏四分之三的坝体，漫过㶟水北岸曾经加固的堤防，从七十余丈的决口处冲入车箱渠，导致渠道无法容纳洪水而四处决溢。刘弘追思前辈修建戾陵遏的功勋，亲临实地考察山川形势，指导制定河渠治理的规划方略。命令属下的司马、关内侯逄恽，率领包括内附的乌丸、鲜卑诸部军队在内的两千将士，建起㶟水沿岸的长堤，恢复多处被冲垮的石渠，维修遭到山洪重创的主遏，改造已经不敷应用的水门。水门宽四丈，水下深五尺。刘弘恢复了车箱渠水路畅通、便利民众的功能，所有工程一律严格遵循旧有规制，总计用工四万有余。乌丸、鲜卑各部的王侯，无须刘弘邀请就主动前来帮忙；百姓们同样积极出力，就好像"即使背着孩子也要前来"一样，参与施工的有数千人之多。《诗经》说"经始勿亟"，《易》称"民忘其劳"，意思是开始做事时无须急于完成，百姓却像对待父母一样主动前来帮忙而忘记了辛劳。这不正是关于刘弘兴修水利的写照吗？有鉴于此，丞相、御史二府的文武官员，有感于秦国人思念郑国开渠的功绩、魏国人建祠祭祀西门豹治理漳河的仁义，怀着对前贤所施仁政的企慕，追述他们修造戾陵遏与车箱渠的壮举。元康五年十月十一日（295年11月5日）刻石立表，以铭记刘靖父子等人的崇高功绩，同时录下修造戾陵遏的规格和做法，作为后人遵从的标准。

（刻石）其词云：魏使持节都督河北道诸军事、征北将军、建城乡侯、沛国刘靖，字文恭，登梁山以观源流，相瀔水以度形势，嘉武安之通渠，羡秦民之殷富，乃使帐下丁鸿，督军士千人，以嘉平二年，立遏于水，导高梁河，造戾陵遏，开车箱渠。

其遏表云：高梁河水者，出自并州，黄河之别源也。长岸峻固，直截中流，积石笼以为主遏，高一丈，东西长三十丈，南北广七十余步。依北岸立水门，门广四丈，立水十丈。山水暴发，则乘遏东下；平流守常，则自北门入。灌田岁二千顷，凡所封地百余万亩。

至景元三年辛酉，诏书以民食转广，陆费不赡，遣谒者樊晨更制水门，限田千顷，刻地四千三百一十六顷，出给郡县，改定田五千九百三十顷。水流乘车箱渠，自蓟西北迳昌平，东尽渔阳潞县，凡所润含四五百里，所灌田万有余顷。高下孔齐，原隰底平，疏之斯溉，决之斯散，导渠口以为涛门，洒彪池以为甘泽，施加于当时，敷被于后世。晋元康四年，君少子骁骑将军、平乡侯弘，受命使持节监幽州诸军事，领护乌丸校尉、宁朔将军。

遏立积三十六载，至五年夏六月，洪水暴出，毁损四分之三，剩北岸七十余丈。上渠车箱，所在漫溢。追唯前立遏之勋，亲临山川，指授规略，命司马、关内侯逢恽，内外将士二千人，起长岸，立石渠，修主遏，治水门，门广四丈，立水五尺，兴复载利，通塞之宜，准遵旧制，凡用功四万有余焉。诸部王侯，不召而自至，襁负而事者盖数千人。《诗》载"经始勿亟"，《易》称"民忘其劳"，斯之谓乎？于是二府文武之士，感秦国思郑渠之绩，魏人置豹祀之义，乃遐慕仁政，追述成功。元康五年十月十一日，刊石立表，以纪勋烈，并记遏制度，永为后式焉。⑯

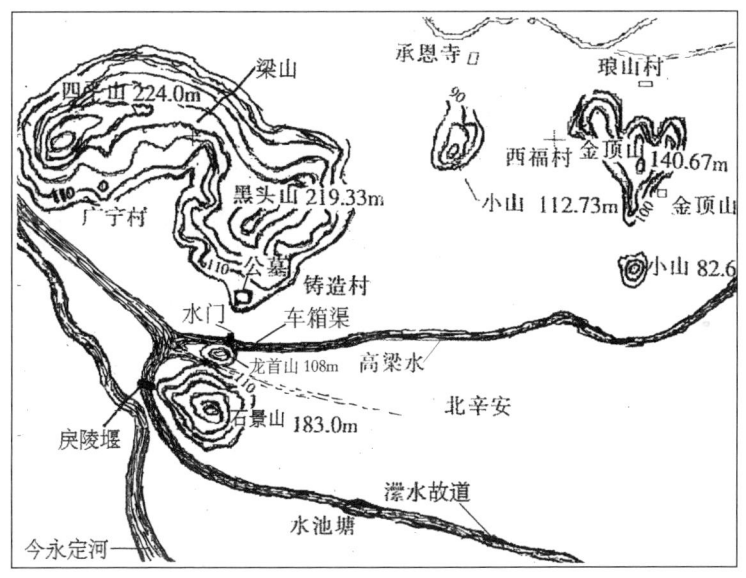

戾陵遏、车箱渠位置示意图

从上述记载和分析可以得知，从曹魏至西晋间，利用戾陵堰与车箱渠引古永定河水灌溉蓟城南北广阔的土地，持续获益达数十年之久。晋室南渡之后，北方陷入了战乱频仍的十六国时期，这一大型水利工程因年久失修而废毁。到了社会相对稳定的北朝，戾陵堰与车箱渠这套灌溉系统又曾几度兴复。北魏孝明帝时，裴延儁担任幽州刺史。当时因风雨不调，水旱灾多，饥荒严重。裴延儁就想到了"渔阳燕郡有故戾陵堰，广袤三十里……疏通旧迹，势必可成"。于是亲自勘察地形水势，积极组织人力物力予以修复，没过多久就恢复了戾陵堰和车箱渠的水利功能，"溉田百余万亩，为利十倍"[17]。北齐河清三年（564），斛律羡任幽州刺史。为防御突厥侵犯，也积极备战备荒，"或斩山筑城，或断谷起障，并置立戍逻五十余所。又导高梁水北合易京，东会于潞，因以灌田，边储岁积，转漕用省，公私获利焉"[18]。其中，导引高梁水，北与易京水（即温榆河）合，东注潞水（白河），不仅利用了原车箱渠故道，而且还进一步发展了这一古老的灌溉工程。1991年北京海淀区双榆树当代商城大厦施工时，发现一条古代水道遗址，南北走向，断面呈斗形，底宽近14米，面宽约23米，深约3米，底部距今地面约4.7米，渠道轮廓清晰。已出土的渠道遗址长百余米。渠道内流沙、淤泥与草炭层叠相压，厚达2米以上。这条古渠道，应是此时扩大车箱渠工程的一部分[19]。

此后，在永定河沿岸引水灌溉土地、种植水稻，也多有成功之例。隋开皇年间（581—600），裴行方任幽州都督，"引卢沟水，广开稻田数千顷，百姓赖以丰给"[20]。金大定中所开凿的金口与金口河，虽然不能行舟船，但仍有灌溉之利。《金史·河渠志》记载，大定二十七年(1187)三月，大臣们提出堵塞金口的理由之一是"若固塞之，则所灌稻田俱为陆地，种植禾麦，亦非旷土"。意思是说，将金口河堵塞后，虽然用金口河水灌溉的稻田变成旱地，不能再种植水稻了，但是旱地改种禾麦也可以补偿。元初，郭守敬提出重开金口河时也指出"其水自金口以东、燕京以北，灌田若干顷，其利不可胜计"[21]。这些都是金口河具有灌溉效益的证明。此外，据《金史·食货志》记载，金章宗承安二年(1197)，"敕放白莲潭东闸水与百姓溉田"，次年"又命勿毁高梁河闸，从民灌溉"。可见金代仍在利用永定河水灌溉农田。

正是由于古永定河水的滋润、灌溉，蓟城周边的农业得以持续发展，为蓟城的驻军和居民提供了物质保障，使得蓟城这个军事重镇和行政中心逐步繁荣兴盛起来。

航运与早期运河

前面说过，流经蓟城以南的永定河有着"清泉河"的美名。隋唐时期，永定河开始被称为桑干河，其主流河道也逐渐迁徙至㶟水故道，分为南北两派，其中北派就是清泉河，这一时期水量依旧较为稳定和丰沛，因而也曾行船通漕，有航运之利。

隋代的永济渠

《日下旧闻考》卷一百〇四《郊坰（西十四）》中收录了一篇明代僧人南浦所撰写的《重修镇海禅寺记》碑文，这则碑文记载了隋朝仁寿年间（601—604）的一件事情：有位卢姓高僧，从江南乘船北上，他不设篙橹随船而行，船最远走到哪儿自己就到哪儿，即"船止则止"。于是他顺南北大运河北上，又逆流桑干河继续行进，直至幽州西山脚下而止。这位高僧便就此住了下来，附近的一座山也因这位高僧在此讲经而得名卢师山（在今八大处附近），山下建寺，亦称卢师寺。且不论这个颇具神话色彩的故事是否真实，但有一点值得注意，那就是隋代的桑干河是可以行舟的。事实上，当时的河流通航能力远不止于此。

据《隋书》卷三《炀帝纪上》记载，为了进一步扩大统一王朝的版图，隋炀帝曾积极准备征伐辽东。大业四年（608），动用河北数郡百万余民工在黄河以北开凿永济渠，"引沁水南达于河，北通涿郡"，为调兵遣将、运送粮草做准备。涿郡治所蓟城，也就是现在的北京。《隋书》卷二十四《食货志》也有同样的记载，并且说"自是以丁男不供，始以妇人从役"，即出现了青壮年劳动力严重短缺的现象，可见工程之浩大与征发人力之多广。大致说来，这条永济渠的路线是从今河南武陟县，向东北，经新乡、内黄、大名、馆陶、清河、德州等地，与潞河（今北运河）连接，而由今天津附近西北行，到达涿郡。在抵达涿郡之前的航道是利用了一段桑干河的河道。其具体经行路线有两说：一说是沿潞河

（今北运河）北上，至雍奴县（在今武清区杨村西北）北，转向西北，顺桑干河北派清泉河（今凉水河、凤河一线）而上，至涿郡[22]；一说是由今天津静海向西，借助于当时拒马河下游的诸多淀泊而西行，至今霸州东境信安镇，转而北上，顺桑干河南派河道至涿郡[23]。笔者更认同于德源先生在上述两说基础上的进一步论证和分析，认为隋朝永济渠的北段是由潞河向西北沿桑干河的北派清泉河而到达涿郡的[24]。因为当时桑干河的主流还在北派清泉河一线，到辽代以后其主流才南迁至今固安、霸州、永清一带。

永济渠的开通，大大缩短了南北交通的时间，增加了漕运的规模和运力。《资治通鉴》记载：大业七年二月乙亥（611年4月7日），隋炀帝"自江都行幸涿郡，御龙舟，渡河入永济渠"，奉命于船前选补的三千多名官员"或徒步随船三千余里"，四月庚午（6月1日），"车驾至涿郡之临朔宫"[25]。可见，循南北大运河自今江苏扬州到北京，只需不足两个月的时间。《隋书》卷三《炀帝纪上》的记载与此略有不同："乙亥，上自江御龙舟入通济渠，遂幸于涿郡。"《隋书》描写的是离开江都后首先经行的是通济渠，《资治通鉴》记载的是抵达涿郡前所走的永济渠，二者正是处于隋炀帝行程首尾之运河中的两段。《资治通鉴》卷一百八十一《隋纪五》："发江淮以南民夫及船运黎阳及洛口诸仓米至涿郡，舳舻相次千余里，载兵甲及攻取之具，往还在道常数十万人。"《隋书》卷四《炀帝纪下》：大业八年正月辛巳（612年2月7日），"大军集于涿郡……总一百一十三万三千八百，号二百万，其馈运者倍之。癸未，第一军发，终四十日，引师乃尽，旌旗亘千里"。

从"舳舻相次千余里""在道常数十万人""大军集于涿郡……号二百万""旌旗亘千里"等这些字眼来看,当时的运输规模是有多么庞大啊!为把一百多万出征军队所需的粮草事先运抵涿郡,借道桑干河的永济渠无疑发挥了重要作用。这也显示出当时的永定河是与大运河联系在一起的,是连通幽州地区与中原和江南的重要水路通道,具有很高的漕运价值,为北京后来的漕运发展及其成为全国首都提供了基础条件。

唐代的韦挺运粮

唐朝也曾大举用兵辽东。《旧唐书》卷八十一《韦挺传》记载,贞观十九年(645)唐太宗选择韦挺担任运粮使,负责从幽州中转运粮。韦挺之父在隋朝任营州总管,留有经略高丽的遗札,韦挺上奏后深得太宗信任。韦挺受命,来到幽州,把巡视疏通河渠的任务交给了燕州司马王安德,而在此之前就拿出幽州府库的钱财购买木材造船,通过水路往辽东运送粮食。自桑干河抵达卢思台(今河北宁河县芦台附近),有七八百里的船程。漕粮运船正在行进中,韦挺接到在外巡查的王安德报告,卢思台更北面的漕运河渠已经壅塞。韦挺想到北方寒冬降雪后河流结冰不能行船,于是就把漕粮从船上卸下,暂存在卢思台,计划来年春天转暖后再度转运,想必也不至于贻误战机。唐太宗得知后对韦挺非常不满,又派人到韦挺的任所核查军粮收支与漕渠情形。去调查的人回来打小报告说,韦挺不先视察漕渠情况就调集工匠造船、运米,到了卢思台才知渠道不通，进退不得，居然就把军粮就存放到了无据无守的旷野之地。也就是说，韦挺犯了不作调查研究、简单冒进、玩忽职守的过错。于是韦挺最终被免职。此事《新唐书》里说得更简洁："挺遣燕州司马王安德行渠，作漕舻转粮，自桑干水抵卢思台，行八百里，渠塞不可通。"[26]韦挺运粮虽然没得到什么好结果，但却留下了一段桑干河下游在唐代可以通行漕粮船队的历史记录。

五代时期的东南河

1990年11月，在北京朝阳区小红门构件厂出沙场内（南距凉水河大约200米），出土了一条独木船，通长9.7米，船头宽0.8米，船尾宽1.1米，船体最宽处1.16米。船舱上口宽0.7～1.0米，船舱深0.48～0.60米。船底距今地表约4米，船舱内及底部发现有完整的唐代瓷碗、陶钵等[27]。考古学家推测这艘独木船是唐代遗物，由此就可证明唐代的桑干河曾在今凉水河北面约200米处流过，而且它可以通航走船运送货物。

五代后唐时期，赵德钧镇守幽州十余年，除积极修筑盐沟城（在今良乡）等城堡以抵御契丹进扰外，还发动河北一带民众，开凿了一条约二百里的"东南河"以通水运，解决粮食储备问题[28]。这条东南河自王马口至淤口，长一百六十五里，阔十五步，深一丈二尺，走一船可以运送千石以上的粮食，大大方便了运输。王马口，今作王玛，在廊坊市安次区西南二十四里、永定河北岸；

淤口，即今霸州市东境之信安镇，古称淤口关，为宋辽边界上的三关之一。今王玛至信安的直线距离不足八十里，而赵德钧所开东南河却长达一百六十五里，倍于直线距离有余，说明当时所开的河渠并非直行，而是因既有河道、就势顺流屈曲而成。其中必然会利用桑干河的多条故道。虽然经人力改造、沟通，但亦有力证明了历史上永定河下游曾经通船行漕的事实。

综上所述，从商周时的蓟城初立到战国时的燕都、魏晋时的蓟城、隋唐时的涿郡和幽州，再到辽金时的辽南京、金中都，北京城的城址基本没有太大变迁，有的只是城的范围在不断扩大，所以姑妄称这一段漫长的历史为"蓟城时代"。蓟城时代的永定河与城市的关系非常密切，它经历了穿越今北京城区的从南到北的大迁徙，先是在蓟城西北向东流，流过蓟城北后又东南流，后又从其西向东南流，流经蓟城南再往东去，其间还可能同时存在南北多条汊流同时流过蓟城周围。正是这样一种情形，使得蓟城受益于永定河的多种便利：水源、沃土、灌溉、交通、航运等，城市因此逐渐发展壮大起来。

---

① 北京市地方志编纂委员会《北京志·水利志》第三编第一章"永定河"，北京出版社，2000年。

② 王乃梁、杨景春等《北京西山山前平原永定河古河道迁移、变形及其和全新世构造运动的关系》，《中国第四纪委员会第三次会议论文集》，科学出版社，1982年。

③《清史稿》卷一百二十八《河渠志三·永定河》，中华书局，1977年。

④据王乃梁等《北京西山山前平原永定河古河道迁移、变形及其和全新世构造运动的关系》一文的附图改绘。

⑤侯仁之、邓辉《北京城的起源与变迁》第23页，北京燕山出版社，1997年。

⑥侯仁之《论北京建城之始》，《北京社会科学》1990年第三期，后收入《奋蹄集》，北京燕山出版社，1995年。

⑦夏商周断代工程专家组《夏商周断代工程1996—2000年阶段成果报告》（简本）第49页、第84页，世界图书出版公司，2000年。

⑧赵其昌《京华集·蓟城的探索》第18页，文物出版社，2008年。

⑨陈平《古都变迁说北京·北京升华为皇都的本根——古蓟城》，华艺出版社，2013年。

⑩《韩非子》卷二《有度》篇云："燕襄王以河为境，以蓟为国。"《二十二子》本，上海古籍出版社，1986年。按：燕襄王即燕昭王。"河"指黄河，"蓟"指蓟城，"国"指都城。

⑪孙秀萍、赵希涛《北京平原永定河古河道》，《科学通报》1982年16期。

⑫孙秀萍《北京城区全新世埋藏河湖沟坑的分布及其演变》，《北京史苑》第二辑，北京燕山出版社，1985年。

⑬《晋书》卷三十九《王浚传》，中华书局，1974年。

⑭震钧《天咫偶闻》卷九，北京古籍出版社，1982年。

⑮ 吴文涛《北京水利史》第48—50页，人民出版社，2013年。

⑯ 陈桥驿点校《水经注》卷十四《鲍丘水》，上海古籍出版社，1990年。

⑰《魏书》卷六十九《裴延儁传》，中华书局，1997年。

⑱《北齐书》卷十七《斛律羡传》，中华书局，1997年。

⑲ 岳升阳《双榆树古渠遗址与车箱渠》，《北京文物与考古》第四辑，1994年。

⑳ 王钦若等辑《册府元龟》卷六百七十八《牧守部·兴利》，中华书局，1960年。

㉑《元史》卷一百六十四《郭守敬传》，中华书局，1976年。

㉒ 此说见谭其骧主编《中国历史地图集》第5册《隋·河北诸郡图》，中国地图出版社，1982—1987年。

㉓ 此说以严耕望等先生为代表，所依据的是《宋史·河渠志·塘泺》与《太平寰宇纪》卷六十九，见严耕望《唐代交通考》第47篇《隋唐永济渠》，（台湾）"中央研究院"史语所专刊之八十三。

㉔ 于德源《北京漕运和仓场》第38页，同心出版社，2004年。

㉕《资治通鉴》卷一百八十一《隋纪五》，中华书局，1956年。

㉖《新唐书》卷一百一十一《韦挺传》，中华书局，1975年。

㉗ 王武钰《朝阳区小红门出土一只独木舟》，原载《北京文物与考古》第三辑，1992年。苏天钧主编《北京考古集成》，将该文收入第4册，第1468—1469页，北京出版社，2000年。又见祁庆国、王武钰《中国文物报》第50期（1990年12月27日）上的撰文。

㉘《旧五代史》卷九十八《晋书·赵德钧传》，中华书局，1997年。

都城时代的巨大贡献

金中都是女真族政权金朝在北京地区建立的都城，在其上、东、西、中、南五京中，中都位置居中，地位居首。尤其是1553年海陵王将金朝的宫殿、衙署等统治核心、官僚机构，以及猛安谋克、工匠等悉数迁到这里后，北京成为中国北方的政治中心和文化中心。因此，严格说来，北京城是从金中都开始迈入都城时代的。只是由于其城区位置没有改变，仍是以蓟城为基础扩建而成，因而在前文中把它作为"蓟城时代"的最后一部分来讲述永定河对其城市水源和水系的影响。但其实，金中都在北京城市发展史上有着明显的承上启下、转承过渡的作用，尤其在水源利用和城市水系格局方面，表现得更为直接和突出。永定河对北京城的影响和作用，从这时起也开始发生某种转折。因而，在本章中，我们仍从金中都开始，梳理永定河与金、元、明、清"都城时代"之北京城的关系。

北京城从一个地方藩镇上升成为王朝首都之后，面临的首要问题就是城市人口增加、消费增长、规模扩大以及对区域环境资源的进一步开发和利用。作为北京的"母亲河"，永定河在城市建设、水源供给、农业开发、漕运交通等方面又发挥了其特殊的作用。

移城就水——永定河故道续接新水源

金中都城虽然仍在原蓟城的位置上发展，除城区范围有所扩展外，城市基址没有变，城市水源也主要是依赖西湖（莲花池）和洗马沟水系。但是，金中都的发展绝不仅限于此。海陵王迁都后，由于人口规模的增加和城市功能的扩大，对饮用、灌溉、漕运、城池宫苑的建设和园林绿化美化等的水源需求也日益加大，莲花池水系显然已经不能满足这些需求。于是，金朝把寻找水源的视野向北拓展到了西山脚下和高粱河水系，为以后北京城的城市水源和水系格局开辟了新的渠道。

金代对都城水源格局的开拓

前文已经说过，高粱河或称高粱水，原是古永定河的一条故道（也称三海大河）。从更新世晚期直至东汉末年，古永定河从今石景山附近向东流，经八宝山北、田村、半壁店、八里庄，到今紫竹院附近接纳众多泉水（其实也是古永定河河道地下水的浅层溢出），又经高梁桥至今德胜门西，再南折入今积水潭、什刹海、北海、中海，穿过今长安街人民大会堂西南，再向东南流经前门、金鱼池、龙潭湖，经左安门以西流向十里河村东南，至马驹桥后又东南流，大致沿今凤河河道流至今武清中部汇入笥沟（今北运河）。三国魏时期，古永定河已迁流到蓟城以南的㶟水河道，主流已不从高梁河走，但由于有今紫竹院附近泉水的不断汇入以及原有水体残存形成的湖泊，从今紫竹院以下的河道并没有断流，它在斜穿过整个今天的北京城后，于当时的蓟城东南再次汇入㶟水（今凉水河—凤河一线）。而其上游田村、半壁店、五孔桥、八里庄以北直至紫竹院一段的水体也因西山脚下泉水的补充而断续存在（今双紫支渠即其遗迹）。历史上这一带的泉水还相当丰沛，以致高梁河河道在很长一段时期都保留着丰富的水体，作为河道遗存的今积水潭——什刹海——北海——中海（金代统称白莲潭）这一片水域，水面比现在要广阔得多。加之沿岸丰美的水草植被和美丽的风光，辽金时期的皇帝就相中这里作为其行宫的上佳选地。

辽代，曾在今北海公园的琼华岛一带建有游猎度假的行宫——"瑶屿"。金代，则进一步扩大湖面，浚湖筑岛，用开挖湖泊的土石堆筑了日后被称为琼华岛与瀛洲（或称"圆坻"）的两个岛屿，然后以此为基础扩建为太宁宫（又称大宁宫、万宁宫）。据《金史·地理志》记载："京城北离宫有太宁宫，大定十九年(1179)建，后更为寿宁，又更为寿安。明昌二年(1191)更为万宁宫。"

其后为元朝所继承,成为元宫城的基础。这是一大片包括了亭台楼阁、湖光山色的宫殿园林。其西边依傍浩渺的水面,中间有琼华岛(即今北海公园琼华岛)和瑶光台(即今北海公园团城),景色迷人。一组组宫殿雕梁画栋,华丽气派。因金世宗、金章宗二帝经常住在这里处理政务,这里被当时的官员称为"北宫"或"北苑",一些官员还留下了描绘其华美景色的诗词,如赵摅的《早赴北宫》[1]、赵秉文的《扈跸万宁宫》[2]等。

白莲潭之畔太宁宫的修建,对金中都而言,其意义不仅仅是政治中心的外挂,更重要的是,它启发了解决城市水源问题的开拓性思路,为城市的延伸、拓展开辟了新的视角和渠道,对后来元大都的选址提供了水利基础和宝贵的经验。

原本,曾为永定河故道的高梁河在金代已经失去了永定河水的灌注,但由于金朝人的改造,又使这条河道重新焕发了生机,续接了新水源,在金中都以后发挥了至关重要的作用,成为元、明、清北京城市水源的主导。金朝人的这项改造工程就是把西山脚下的玉泉水系与高梁河连接起来,从而沟通金中都的城池和各处苑囿,构成了一个超出中都城范围而又相互关联、补充的新水系格局。

玉泉山系西山东麓支脉,山下也是永定河冲积洪积扇的山前溢出带,地下水间断露出,泉流密布,所谓"玉泉山沙痕石隙随地皆泉"[3]。比较著名的有玉泉、进珠泉、裂帛泉、试墨泉、涌玉泉、宝珠泉、静影涵虚泉等十几处。无名小泉,则遍布山麓,难以计数。其中玉泉出水量最大,裂帛泉、静涵泉次之,宝珠、涌玉诸泉又次之。有关这一带泉水丰沛景象的历史记载在《日下旧闻考》《帝京景物略》之类的文献中可谓俯拾皆是。

从玉泉山再往北一点的西山山麓沿线，还有很多这样出水丰沛的泉脉，比如瓮山（今万寿山）后面有玉龙泉、双龙泉、青龙泉、月儿泉、柳沙泉等，再往北去直到今昌平境内又有冷泉、温泉、黑龙潭、马眼泉、沙涧泉、一亩泉、双塔河、虎眼泉、白浮神山泉等等。这些泉水或流出涓涓溪流，汇成小河穿行于山间沟谷；或积聚成潭、汇潴成湖，连带成串地散布在从西向北弯转的山坳坡脚下。只不过，这一带的泉流水脉都是依据当时的地形走势，向东流向今六郎庄、万泉庄（即巴沟低地）一带，朝着海淀聚集；或者向东北经今青龙桥、肖家河等地流向清河谷地，原本与南边的高梁河水系并不相连。

金朝皇帝对于西山山麓的丰富水源和优美风景青睐有加，陆续到此开辟行宫别墅，如金世宗时修建了香山行宫，金章宗时建起了玉泉山行宫。章宗曾频繁游幸玉泉山、香山，仅《金史·章宗本纪》中记载的就各有7次。由金章宗时流传下来的京西名胜"八大水院"——清水院、香水院、金水院、泉水院、圣水院、灵水院、潭水院、双水院都在西山山麓，且都以水为主题。

金朝在修建高梁河畔的太宁宫时，为了进一步增加白莲潭的水源，扩大其湖面；也为了能够从这里更方便地前往香山、玉泉山行宫，把两处行宫紧密地联系起来，先将玉泉山一带的泉流向南引入瓮山泊（又称七里泊、金湖，即今昆明湖），然后开凿了从瓮山泊通往今紫竹院附近的人工渠道，把西山水系引入高梁河，汇聚太宁宫旁的白莲潭,从此玉泉水系和高梁水系接上了联系。据姚汉源、侯仁之等先生的推断,沟通这瓮山泊(今昆明湖)和高梁河的人工渠道,就是今天被称为"南长河"的河道[4]。侯仁之先生还比较了海淀台地南北地势的高低,认为海拔约50米的瓮山泊一带的湖水原则上顺着地势流向海拔40米以下的清河洼地和海拔50米以下的巴沟低地才是正常的,要来到今紫竹院一带必须穿越地势较高(约海拔52米)的海淀台地边缘,因此判断从今昆明湖到紫竹院西墙外万寿寺的河道(也就是今人所称长河的上段)应为人工开凿。这一段河道长度不过五六公里,从海拔50米的昆明湖一带穿过海拔52米的土坡汇聚今紫竹院附近的泉水,只需开凿两米多深的河道,工程量并不是很大,在挖濠筑城、大修离宫别墅的金代,这是完全可以做到的。

其初始目的可能是为了使高梁河上源的水量更加丰沛,白莲潭水域面积更大,并兼以周边农田灌溉功能。《金史》卷一百三十三《张觉传》记:"引宫(太宁宫)左流泉灌田,岁获稻万斛。"《金史》卷五十《食货志》记:金章宗承安二年(1197),"敕放白莲潭东闸水与百姓溉田";三年(1198),"又命勿毁高梁河闸,从民灌溉"。这些利用高梁河水灌溉的实例,充分显示了增加高梁河上源确实有着很大的水利效益。但后来起到的作用就远非这些了:它一方面方便了从万宁宫到西山行宫的联系,助推了西山皇家园林的兴起;另一方面沟通了高梁河水系与西山水系,为后来京城的漕运开辟了新的水源,使西山水系(以玉泉为主,故又称玉泉水系)成为供养北京城的主动脉。

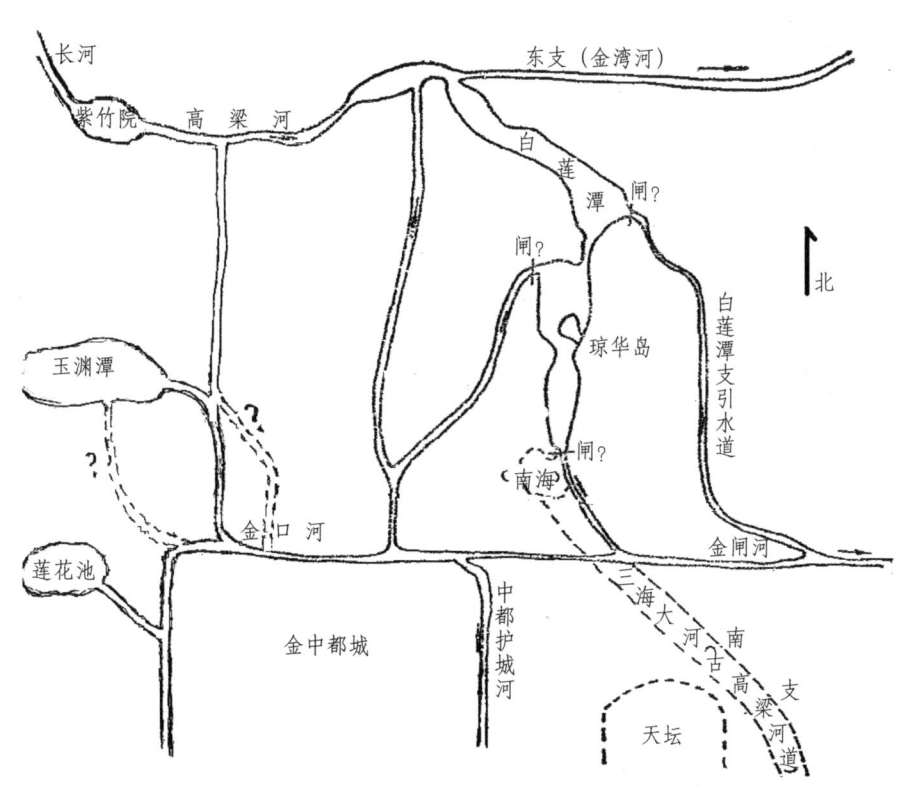

金代引高梁河水的5条渠道示意图⑤

《金史·河渠志》记载，金代凿通南长河后，"为闸节高良河（即高梁河）、白莲潭诸水，以通山东、河北之粟"，又从高梁河、白莲潭引出了5条渠道，南流或东出连接金中都北护城河和闸河（见上图）。其目的在于引清水接济漕运，但由此也奠定了后世北京城水系格局的基础。

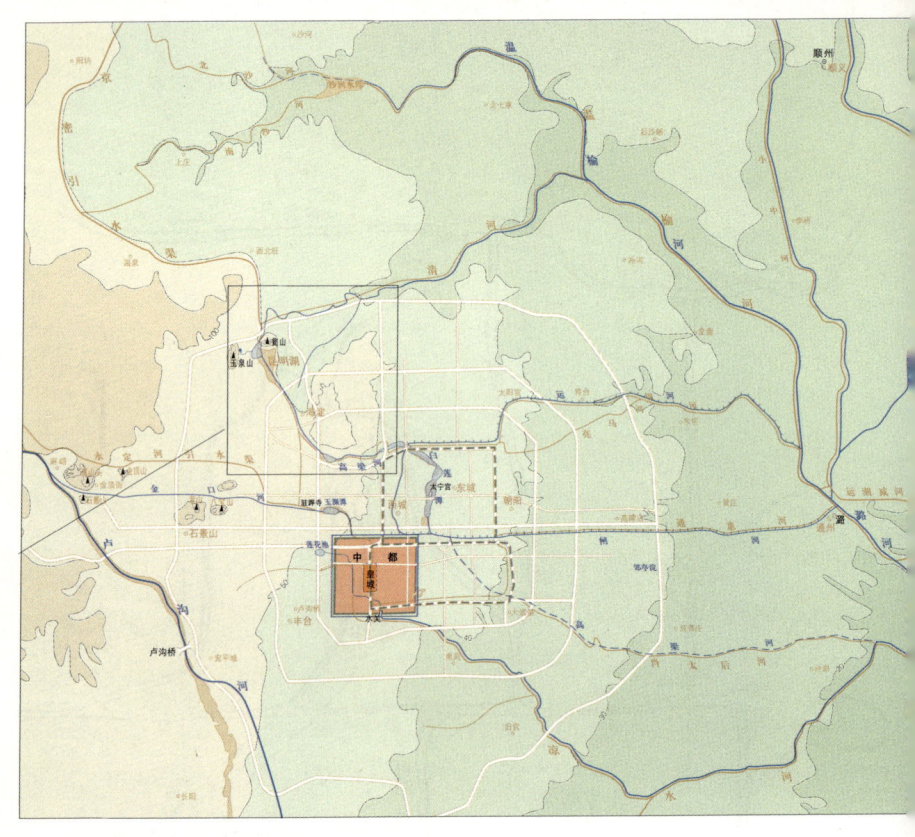

金中都时期水系分布图

元代为新水源将城址迁移

　　元朝建立后，新兴的蒙古政权开始了从蒙古高原迁都至燕京的历史转折。1272年，正式将建设中的新都定名为"大都"。1279年元朝灭南宋，实现了南北大统一，建立起多民族统一王朝，作为元大都的北京城也进入了一个新的发展阶段，它成为全中国大一统王朝的首都。

　　元大都的建设，没有继续在金中都的城址上进行，而是选择了以金代白莲潭之畔的万宁宫为基础，重新规划了一座新城。元代人改称白莲潭为积水潭或"海子"。"海子"一词的出现，说明了蒙古人对这一片浩如烟海之水的珍视和喜爱。他们将"海子"圈入城内，以它为中心建立起一座堪称中国古代都城经典的"完美之城"。该城前宫后市，布局方正，整齐划一，状如棋盘。它以积水潭（海子）为中心，有一条贯穿宫城、皇城，笔直、庄重、对称的轴线——南北中轴线，体现了封建帝王"唯我独尊"的政治理念。元朝人将积水潭周边的一串湖泊一切为二，南半部围入宫墙，改称太液池，并专门开通了一条御河从玉泉山引水入注太液池，称为金水河。在太液池的东西两岸环列着三组宫殿：东岸是属于皇帝的一组宫殿，称为宫城，即今天紫禁城的前身；西岸的两组宫殿叫隆福宫和兴圣宫，分别为太子和皇太后所居。三宫鼎立，中间环抱太液池和琼华岛，四面高墙围筑，是为皇城。环绕在皇城外面的则是大城。从元大都的地图上看，烟波浩渺的积水潭和太液池正好位于全城类似于心脏的位置，整个宫城及大都城的南北中心线，就正好从湖泊的东岸贯穿而过。元大都的设计者将大片水面布置在全城重要的位置，以水的灵动衬托皇城的庄严，可谓气势恢宏而匠心独运，这一规划布局不仅是古都北京城市规划建设中的精华，就是在世界上也享有盛誉。

　　元朝在金朝长河引水工程的基础上还进一步向北、向东延伸，从今昌平白浮泉引水向西，一路接引更多北山、西山泉流入注高梁河，把大都城的水源供给范围扩大到了西北环山脚下。从北到西沿山而成的巨大扇形区域内的大小水脉，都通过高梁河这节"扇柄"源源不断地汇入城里，赋予了新大都成长的动力。高梁河水系从西北至东南斜穿整个大都城，通过它，元大都不仅在皇城宫苑的布局上充分展现了街道、建筑的方正严谨与河流的弯转灵动之间的平衡、协调，还完美地实现了前朝后市、漕粮入城的宏伟设想。积水潭的南半部被圈入皇城，造就了皇家苑囿；北半部则被改造成运河码头，成为城市的交通枢纽和商业中心，由高粱河作为基干接引而成的通惠河，使得漕运的船队可以直抵大都的心脏。此后，明、清北京城仍主要依赖这条水系提供水源，延续至今的京城水系格局由此奠定。因此说，元朝完成了北京城从莲花

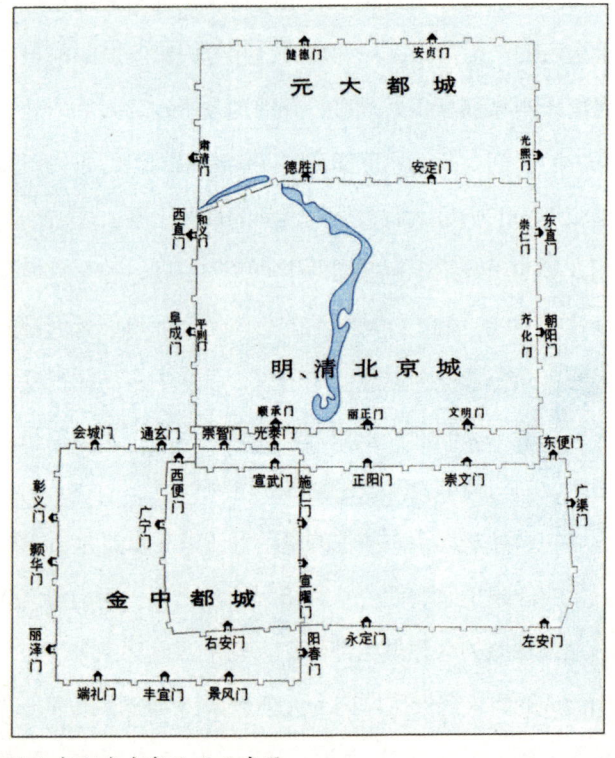

元大都与金中都位置示意图

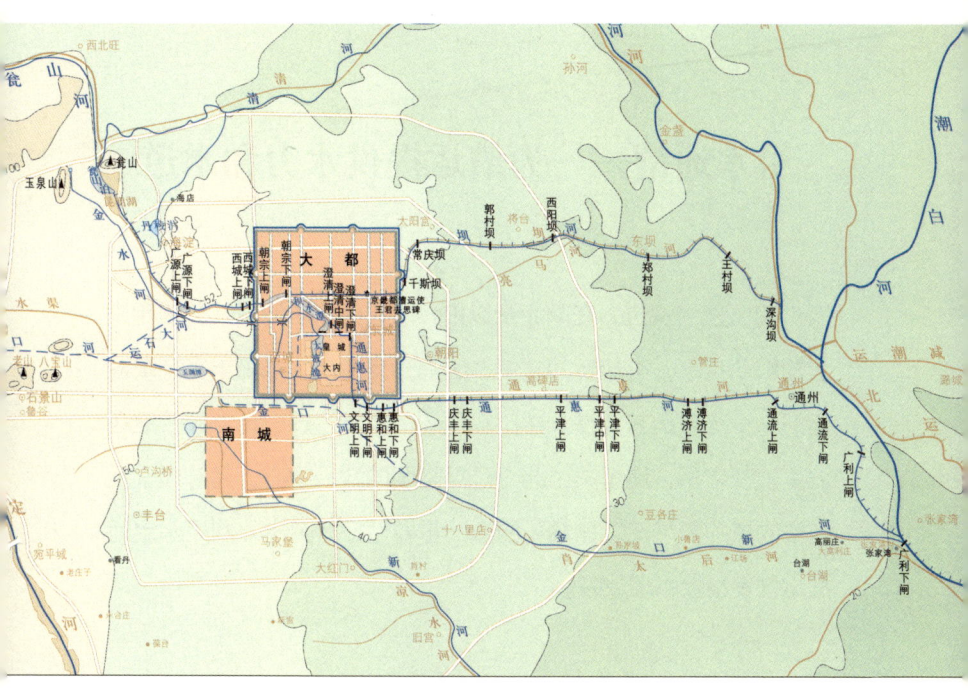

元大都城与河湖水系的关系示意图⑥

池水系向高梁河水系的重大转折,高梁河水系从此成为北京城的水源大动脉,而莲花池水系则日渐荒废,直至明嘉靖年间北京修筑外城时,被截流引入外城的南护城河。

引水通漕——为漕运提供水力和水道

前文已经说过,在隋唐及以前,永定河下游河段就曾被用来运输粮草兵丁,有航运的功能,因其分支多汊,水量丰富,疏浚运河、舟行船运其实是一件比较便利的事情。辽、金、元相继在北京建都之后,这里成了北方乃至全国的政治中心,其对粮食及各类物资的需求随之剧增,漕运的重要性日益突出,利用永定河漕运物资也就顺理成章。

辽萧太后运粮河

说到永定河的漕运,可以追溯到契丹人建辽南京时期,他们曾利用永定河故道开发漕运功能,留下了一条至今遗迹尚存的"萧太后运粮河"。这条河大致开凿于萧太后与辽圣宗主政早期——统和年间(983—1012),正好是辽朝国力上升、占据燕京并挥师南下、开拓中原之际,所以,民间传说它是萧太后从辽东向燕京地区运输兵马粮草的一条运粮河。说是"开凿",其实并没有太大工程量,只是利用了当时残留的古永定河河道稍作疏浚、整理、连通后而形成的。其具体走向是:上承蓟水(来自西湖上源的泉水及永定河之金钩河故道水体汇聚而成)、中连辽南京护城河、从辽南京北护城河一直向东,沿今新、旧帘子胡同及受水河胡同一带,从今人民大会堂以南、前门再折向东南,经今大江胡同、芦草园、金鱼池到龙潭湖、十里河,然后顺今萧太后河到通州;经张家湾附近连接潞水(又称潞河,即今北运河)、再往东连接潮白、箭杆等河跨香河、宝坻而入海通往辽东。其中,它从今人民大会堂以南、前门折向东南,到龙潭湖、十里河的这一段,就是利用了古高梁河(也即三海大河)河道。

辽萧太后运粮河最初是为契丹政权南下中原输送粮草兵力,宋辽对峙期间更是为辽南京城的发展提供了物资保障。可以说,它是改造天然河道、沟通北京城与北运河漕运的开端,为金代开通闸河、元代开启通惠河及京杭大运河提供了基础和启发,因而,它的出现具有划时代的意义。在后来大运河漕运兴盛期,它也曾作为支系发挥着水流调节和民船分流的作用。明清以后,它随着通惠河和北运河的发达而逐渐失去运输功能,成为城市排水渠道,在今朝阳区南部左安门外向东流至通州张家湾后汇入凉水河的一段,就是其遗迹。

金代的金口河

金朝统治范围虽只限于淮河、秦岭以北地区,但粮食供给还是依赖于华北大平原。借助于隋唐以来不断沟通、改造的华北水网,经由今卫河、滏阳河、滹沱河、子牙河、大清河等天然水道和其间的人工漕渠,漕粮及各种物资汇集到今天津地区以后,仍循潞河（今北运河）到今北京通州。通州，在金朝以前称潞县，海陵王天德三年（1151）升潞县为通州，取"漕运通济之义"[7]，寓意其为漕运枢纽。问题是：从通州到中都城里这一段路程的运输如何解决？从通州至中都城约50里，随着都城人口规模的扩大、居民消费的增加，每年漕运多达几百万石，只靠车拉肩扛，所耗费人力畜力难以负担。因此，在中都到通州间开凿一段运力大、流量稳定的运河就成为金朝政府着力要解决的问题。

由于卢沟河（今永定河）是当时流经北京地区水量最大的一条河流，它理所应当成为引水济漕的首选。据《金史·河渠志》记载，金世宗于大定十年（1170），召集朝臣会商导引卢沟河（即永定河）水通漕方案，决定"自金口导至京城北入濠，而东至通州之北，入潞水"，两年后工成。

金口位于石景山北麓与四平山夹口的位置，即现在石景山发电厂处。但金代开金口河的引水口却比三国时的车箱渠要偏北一些，他们在卢沟水东岸的麻峪村附近筑堰引水，沿东岸岩石山脚而行，并在金口设闸调控。之所以把引水口上移，原因在于：此时的卢沟河泥沙含量已经大大增加，水性逐渐变得暴戾，经常淤积河床或暴涨崩堤，万一麻峪引水口被大水冲毁，也还有筑于岩基上的金口闸可以节制河水，以保证中都城的安全[8]。这条金口河，也是利用了永定河的金钩河故道，所引卢沟河水经过金口向东流出，经北辛安村南、古城北转向东北，再经杨家庄南又向东，经龚村南、田村南、老山北、半壁店南、铁家坟北、篱笆店南、甄家坟北、定慧寺南，东至今玉渊潭，又东转南大约至木樨地东南入金中都北护城濠。经中都北护城濠再往东,大致经受水河胡同、旧帘子胡同、人民大会堂南、历史博物馆南、台基厂三条、船板胡同、北京站南部等地,下接今通惠河河道,东至通州[9]。

虽然金代开金口河的设想是诱人的,金世宗给予的期望也很高,但是工程却很快就失败了,因为渠口居高临下,卢沟河水湍急而浑浊。汛期时激流漩洄,崩岸毁堤;枯水期则泥淖淤塞,积泽成浅,不能胜舟。金世宗不无遗憾地感叹:"分卢沟为漕渠,竟未见功,若果能行,南路诸货皆至京师,而价贱矣。"[10]

此后,金朝仍是心有不甘地多次予以改造修缮,聘请熟悉水利、河道的人去勘察、规划,但终因越来越严重的卢沟河水患,让金口河成了一条金中都头顶的悬河、险河。金世宗大定二十七年(1187),为了保住都城安全,不得不将金口堵塞,以绝后患。

此次开金口河虽然失败了,但它给后人提供的经验和教训却是很多的。此后,金朝人仍是利用该河道而从水源上另辟蹊径;元朝人则在此河道的进水口重做文章加以改进,结果都曾较好地发挥了这条河的漕运功能。

元初的金口河

元朝人改依高梁河水系建新城的思路,也是在观察历史与具体实践中逐步摸索出来的。他们最初也是想利用永定河。当初金朝人不得已放弃的金口河,在时隔不到80年的元朝初年,被再次提上议事日程。

随着蒙古兵占领金中都及黄、淮以北地区，忽必烈进一步坚定了统一南北、建立大元朝的目标。他一方面采取水陆兼运的方式恢复了黄、淮间的物资通道，并设法解决今北京地区的漕运问题，为继续发兵南宋做着物质储备；另一方面，积极筹划新都城的建造，准备迁都。为此，需要运送规模庞大的木材、石料等各种建材物资，这些物资或采自西山或从南方调运，依当时的交通条件，水运是最有效率的一种方式。至元二年(1265)，元朝的科学家郭守敬向忽必烈建议重开金口河："金时自燕京（即金中都，今北京）之西麻峪村分引卢沟一支，东流穿西山而出，是谓金口……今若按视故迹，使水得通流，上可以致西山之利，下可以广京畿之漕。"郭守敬得到了忽必烈的赞赏，被授权全面负责元朝的水利工程。郭守敬吸取金朝人失败的教训，为防洪水，特意"于金口西预开减水口，西南还大河，令其深广，以防涨水突入之患"[11]。也就是说，在金口（今石景山发电厂院内）的上游麻峪村附近，预先开引一个减水口，从减水口向西南再凿一段又深又广的水渠重新连接金口以下的卢沟河，这样洪水突来时可以从减水口把洪水分出大部分流向西南，使之在金口下游回归主河道，

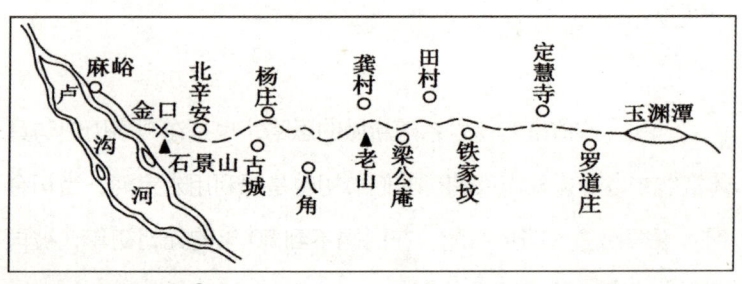

元初金口河示意图[12]

从而避免了洪水直接从金口灌入金口河威胁到旧中都城的安全。由此，导卢沟水运送西山木石，为修建大都城提供了一条重要的运输通道。

但是，卢沟河汛期暴涨的特性在元朝表现得更为明显，致使金口河决堤的隐患依然存在。如元世祖至元九年(1272)就曾发生了洪水顺着金口河冲入新、旧（指旧金中都）两城之间毁屋溺人、淹没田庐的严重水灾，"通玄门（金中都正北门）外，金口（河）黄浪如屋，新建桥庑及各门旧桥五六座，一时摧败，如拉朽漂枯，长楣巨栋，不知所之。里闾耆艾莫不惊异，以谓自居燕以来未省有此水也……参详两都承金口（河）下流，势如建瓴，其水溃恶，平时犹不能遏止，（今）西北已冲湮至（新建）城脚"[13]。御史魏初等大臣建议堵塞金口为宜，以免后患无穷。但当时漕运西山木石修建新城的任务紧急，只能冒险利用。到元大都城建成以后，相比于都城的安全，金口河的洪水隐患就不能不坐视不顾了。元成宗大德二年(1298)，浑河（元时永定河的名称）又一次泛滥，大都路都水监为了防止洪水顺势沿金口河冲击大都新旧二城，就下令把金口闸门关闭。大德五年(1301)，因"浑河水势浩大，郭（守敬）太史恐冲没田、薛二村，南、北二城，又将金口以上河身，用砂石杂土尽行堵闭"[14]。《元史·河渠志三》记载，元英宗至治元年(1321)七月，大都地区"大霖雨，卢沟决金口，势俯王城（指大都城）"。都水监又在金口河泛滥处"补筑堤百七十步，崇四十尺"，才挡住了洪水。

从至元三年到大德五年，金口河被利用了35年。特别是在修建大都城的工程中，它发挥了重要作用。元初的金口河之所以能够发挥效用数十年，关键是郭守敬吸取了金代开凿金口河失败的教训，采用了防患于未然的工程措施，即在金口以上另开深广的减水河，这反映了元朝人更高超的水利设计水平。

元末的金口新河

随着大都城的建成和都城政治、经济、文化生活等需求的不断增长，元大都的物资供应规模越来越大。庞大的中央官僚机构、众多的驻军和几十万的都城居民，其对粮食和财富的需求，仅靠北京及周边地区是无法满足的，只能仰赖富庶的江淮和江南地区。元朝末年，漕运不足的困境日益加重，再开金口河的议题又被提起。

但这一议题一经提出就遭到了激烈反对，其中以中书左丞许有壬的奏议最具代表性，他总结了金、元以来有关开凿金口河的历史得失，指出了浑河日益严重的泥沙问题以及难以解决的坡降问题。但是，在当权者中书右丞相脱脱的强势推行下，金口河依然在一片反对声中重开。这一方面是迫于通惠河漕运难以为继的压力；另一方面是由于大都城对西山煤炭、木材需求量的增加。元顺帝至正年间人熊自得所撰《析津志》中转述脱脱向元顺帝奏议重开金口河的话："如今有皇帝洪福里，将河依旧河身开挑呵，其利极好有。西山所出烧煤、木植、大灰（即石灰）等物，并递来江南诸物，海运至大都呵，好生得济有。"[15] 可见，此时大都城内用煤量的大增，则是急于开金口河的另一深层原因。另据记述元顺帝朝史事的《庚申外史》记载，当时，大都城居民盛行用煤炭取暖："京师人烟百万，薪刍负担不便。今西山之煤炭，若都城开池河，上受金口灌注，通舟楫往来，西山之煤可坐致城中矣，遂起夫役，大开河。"⑯也就是说，当时人们期待金口河开凿成功后，就可以像元初运送木材石料那样将西山的煤炭用船大量运进城里。这反映了元朝西山煤炭开采业的发展和元大都人生活方式的一种改善。

这次重开的金口河与金时和元初的又有不同，史称"金口新河"。其所谓"新"，主要"新"在以下几点：1.其取水口从原来的麻峪村附近又上移到了今门头沟三家店的位置："元至正二年(1342)重兴工役，自三家店分水，入金口，下至李二寺（今通州区里二泗），通长一百三十里，合入白潞河（即今潮白河）。"⑰这个取水位置，恰与当今永定河引水渠的渠口位置基本一致，说明当时的人们已经认识到从河流出山口分水引渠更利于保持水流的稳定。2.将金口旧河开大挑深，在有水汇合处开辟水塘，作蓄水调节之用。3.加固闸坝，如在金口用铜闸板代替传统的木闸板，在旧城北城壕处又添置两道节制闸门。4.新河的下游走向也做了修改，使与运河的衔接更为顺畅。《析津志》对此有详细记载："著将金口旧河深开挑，合众水处做泺子（即水塘，作用相当于宋代运河侧旁的水柜），准备缺水使用。挑至旧城（即旧金中都城北城壕），又做两座闸，将此水挑至大都南五门（按：当为午门，所指实为大都南城门的正门）前第二桥，东南至董村、高丽庄（今高力庄）、李二寺（今里二泗）、运粮河口。"[18] 由此可以推断出，金口新河的下游走向是经今人民大会堂西南侧，至丽正门前第二桥后，向东南经原崇文区三里河，下接萧太后河，然后在张家湾附近接入运河[19]。蔡蕃先生则提供了第二种可能性的推断，他认为金口新河在今左安门以外的八里河村附近才接上辽萧太后河[20]。

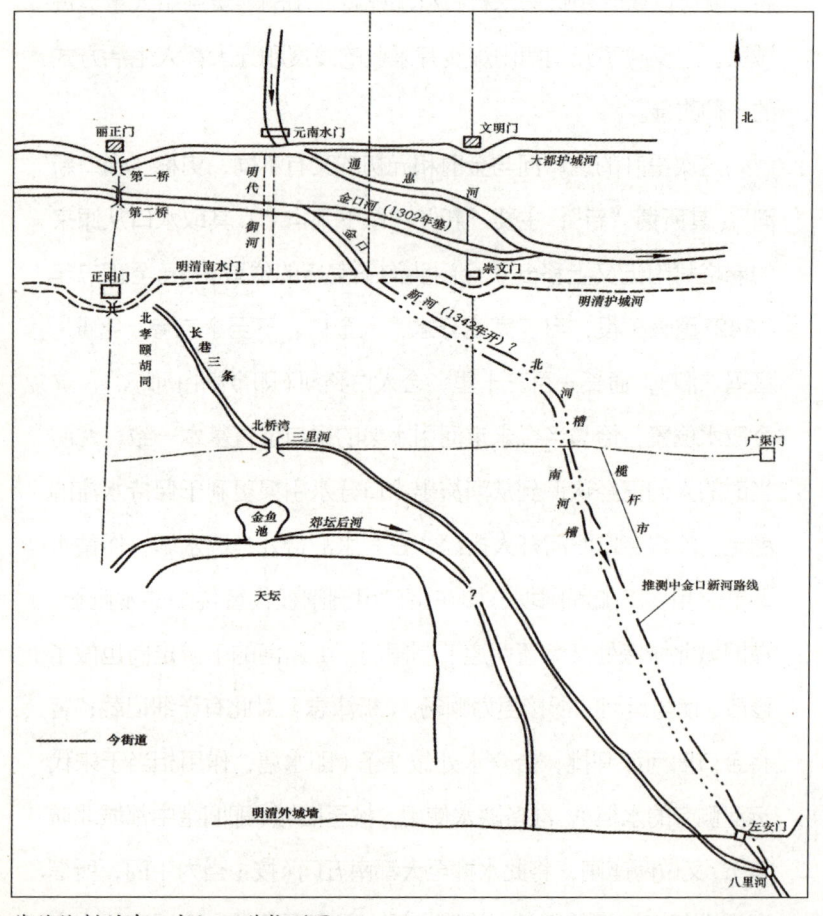

蔡蕃绘制的金口新河下游推测图

对此，学界还需依据更多的考古发现才能予以定论。但总之，元末金口新河的下游河道是利用了那条辽代的萧太后运粮河的。

元顺帝及脱脱等对这条新河寄予了厚望，也做了种种措施预备不测，但是，待金口起闸放水之时，突入的浑河水汹涌而来，导致沿岸险情不断，"流湍势急，沙泥壅塞，船不可行。而开挑之际，毁民庐舍坟茔，夫丁死伤甚众；又费用不赀，卒以无功"[21]。最后只好放下闸板关闭金口，永不启用，并由此引起民怨沸腾。御史弹劾建议开挑金口河的责任者，脱脱作为丞相极力推脱自己的责任，而将参与此事的中书参议孛罗帖木儿和都水监傅佐当作替罪羊，予以斩首以平民愤。至正末年，金口河彻底废涸。

元末金口新河失败的原因，主要有以下三点：一是客观上永定河的河性相比于金以前已经发生改变，河水的含沙量大大增加，水量的季节性变化也更加明显，这就是"河道浮土壅塞，深浅停滩不一，难于舟楫"的根本原因；二是忽略了郭守敬西南开减水河的经验，没有解决好从金口到大都城南坡降陡、高程短的问题，致使浑河水涌入时"漫注支岸，卒不可遏，势如建瓴"；三是朝政腐败，从一开始就是利益集团之间的纷争吵闹，未能在具体方案和实施过程中达成一致，没有精心设计和充分准备，最终酿成一场争权夺利、劳民伤财的闹剧和悲剧。

元代前后两度重开金口河的成功与失败，为后世开渠导引永定河水提供了极其宝贵的经验和教训，为当今永定河三家店闸的建设提供了理论依据和借鉴。

另外，从漕运角度还须一提的是，元、明时期，浑河至看丹口分为两派，其北派（大致即今凉水河的河道）之水至张家湾、潞县，汇入白河，壮大了北运河水量，这也是永定河为元、明数百年的漕运兴盛做出的贡献。

木石之出——为北京提供建材和能源

北京成为都城之后，城市建设和生活消费无疑跃上一个台阶，需要更多、更全面的资源保障。数量庞大的建材与能源的供给，依赖于对周边地区尤其是永定河中上游流域的森林采伐和矿产开发。

永定河流域森林植被的原貌

永定河流域内拥有管涔山、恒山、小五台山、海坨山、燕然山、大马群山、军都山、北京西山等山地，又有大小不等的山间盆地，如应县—怀仁盆地、大同盆地、阳原盆地、蔚县盆地、怀安—张家口—宣化盆地、涿鹿—怀来—延庆盆地等。在这些区域内，历史上分布着茂密而广阔的森林和草地。

据《山海经·北山经》记载，包括永定河上游地区的今山西、河北西部与西北部、内蒙古自治区中南部一带的山地草木茂盛，主要树种是松、柏、漆、棕、桐、柘、樗、榛、椐、楮等。

《史记·货殖列传》云："夫山西饶材、竹、谷、纑、旄、玉石。"这里的山西泛指太行山以西广大地区。"材"是指各种木材；"谷"也是一种"木名，皮可为纸"；"纑"是一种麻，"山中苎，可以为布"。也就是说，西汉时期包括今永定河上游流域在内的山西地区林产富饶，森林植被很是茂盛。

据《水经注·灢水》记载，永定河上游支流如浑水（流经北魏都城平城，今大同市）"夹塘之上，杂树交荫"；武周川水"林渊锦镜，缀目日新"；于延水"水侧有桑林，故时人亦谓是水为桑河"。这些语句，都反映了北魏时期永定河上游流域的林木状况。

宋、辽之世，桑干河上游的森林植被状况依然保持很好。《续资治通鉴长编》第三百七十一卷载："火山、宁化之间，山林饶富，财用之薮也。自荷叶坪、芦芽、雪山一带直至瓦窑坞，南北百余里，东西五十余里，材木薪炭足以供一路。"（按：宋火山军治今山西偏关县，宁化军治今山西宁武县，故宋火山、宁化之间正是桑干河发源地。）这里有南北百余里、东西五十余里的辽阔林区，伐薪烧炭可供一路（宋辽时期的一级政区，相当于现在的省）。在宋辽绘制的一些地图中，还绘出了今永定河上游流域的森林分布。例如《契丹国志》中收录的《晋献契丹全燕之图》，于儒州（今延庆）、妫州（旧怀来）、新州（今宣化）、云中府（今大同）等地以北的高山上，清楚地绘出高大茂密的森林，并明确标注着"松林广数千里"的字样；卷二十五《胡峤陷北记》中记载了洋河上游流域（今河北省张家口市崇礼区境内）有一片广袤的"黑榆林"。

金、元时期，永定河中上游流域森林资源依然丰富。元代在

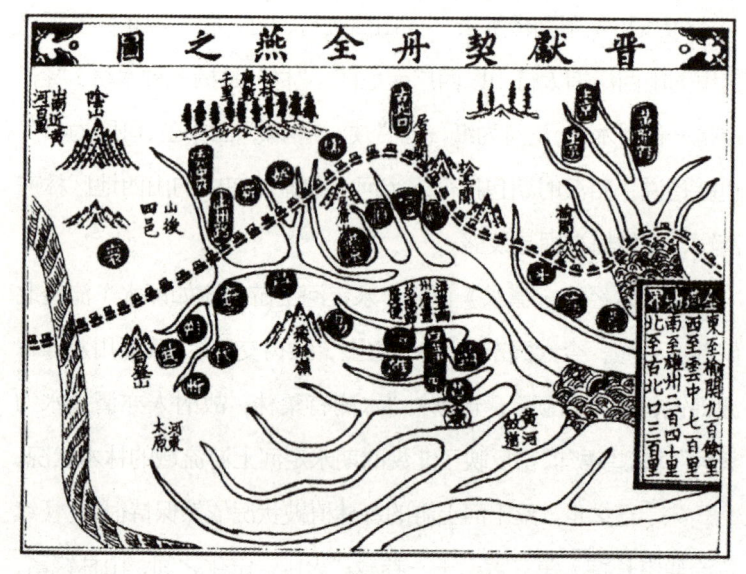

《晋献契丹全燕之图》

砜山、蔚州、定安等地都设有负责砍伐林木的机构，并委派官员专督伐木。有一幅古画《卢沟运筏图》，反映的正是从永定河上游砍伐林木，然后顺河水漂运至卢沟桥，再运往都城的情景。关于这幅画，有人认为是元代作品，说的是为修建大都城漕运西山木石的事；但也有人认为它是明代所作，说的是明代在卢沟桥设置竹木局以后对西山伐木伐薪进行抽税的事情。不论分歧如何，反映元明时期西山森林采伐的规模之大却是无可争议的。又据《明经世文编》记载，明代山西北部内长城所经的偏关、神池、宁武等地以北至外长城间，树林也很繁茂，"大者合抱干云，小者密如切栉"，林中"虎豹穴藏，人鲜径行，骑不能入"[②]。这里的茂密林木如同一道百余里宽的"藩篱"，还起着军事防卫的作用。

《卢沟运筏图》（国家博物馆藏）

在永定河上中游流域，我们还可以见到很多表明林木茂盛的山名、地名，如在河北省蔚县有松枝口（又名柏树村）、松树岭、桦榆坡、榆林沟、北柏山、桦树沟、柳林堡等；阳原县有松树梁、榆林关等；涿鹿县有槐树沟、杨树沟、椿树沟、桦沟、榆林、杨木林等；怀来县有榆林、杏林堡、柴木沟、杏树洼等；宣化区有胡松岭、桦林沟、柏树洼等；怀安县有桦皮岭、榆林屯、杏沟、桃沟、柴沟堡等；万全区有榆林、柳林、洗马林等；崇礼区有松树背、大松沟门、榆林、桦林子、榆树坪、东西桦林、杨木洼、杨树沟、柳条沟等；尚义县南部有松沟、杨木林、杨木沟、桦林沟等。在北京市延庆区有松树梁、杨树河等；门头沟区有柏峪、檀木沟、杨木林子、椴木沟、梨园岭、杨树地、松树、东西胡林、前后桑峪、林沟、柏峪台、梨树台、桃园、樱桃沟等。这些山名、地名都真实地反映了永定河流域历史上林木的分布广泛和种类丰富。

永定河流域对北京城建材、能源的供应

人们的衣、食、住、行都离不开木材、木料。在没有电力、核能的古代，尤其如此。北京成为都城以后，对木材的消耗急剧上升。在北京成为陪都或国都之前，历史文献对周边地区森林的采伐只有零星记载，但从金代开始，大规模的森林采伐便频频见于史载。

《大金国志》卷九记载：天会十三年（1135）夏，金太宗为了进攻南宋，"兴燕云两路夫四十万人之蔚州交牙山，采木为筏，

由唐河及开创河道，运至雄州之北虎州造战船，欲由海道入侵江南。"交牙山"就是河北涞源县城西南 24 公里、南城子村周围那片山间平川周围的山岭。这里的"松树砣""榆树林"等聚落名称，也印证了历史上森林广布的生态环境。文中所言上山伐木的人数多至四十万，可见该地森林资源之丰富与砍伐规模之巨大。

海陵王迁建金中都，更加大了对城市周边森林的采伐力度。《金史·地理志上》记载：天德三年（1151）三月，"命张浩等增广燕城……浩等取真定府（今河北正定县）潭园材木，营建宫室及凉位十六"。张浩取用的"真定府潭园材木"，应当是从太行山砍伐后积存于潭园的木材。此后，海陵王正隆四年（1159）二月造战船于通州，所用的木材也应取自北京周边地区。

元朝的大都城宏伟壮丽，并为明清北京城奠定了基本格局，但其建筑规模的宏大以及日后对木材、石料、柴炭的需求，却导致其周边乃至南方地区的森林消耗迅速增多。

元大都建筑的宏伟气魄与巨大规模，我们可以在陶宗仪《南村辍耕录》以及明初萧洵《故宫遗录》等文献中得到印证。陶宗仪记载："至元四年正月，城京师，以为天下本……城方六十里……宫城周回九里三十步（据朱偰先生考证，应为六里三十步[23]），东西四百八十步，南北六百十五步，高三十五尺。"[24] 如此庞大的建筑群，无疑需要大量的木材和石料。楠木、檀香木等珍贵木材需依靠江南各省支援，至于一般的建筑材料，从成本与功效考虑，必然要尽量取自周边地区的森林和矿场。西山的木材与石料，是元大都设计者规划城市建设的重要物质基础。前文已经说过，为修大都城宫殿，至元三年（1266），郭守敬主持开凿金口，导卢沟水以漕运西山木石，"使水得通流，上可以致西山之利，下可以广京畿之漕"[25]。所谓"西山之利"，正是建设大都城所需要的木材、石料和燃料。民谚有"大都出，西山兀"之句，说的就是伴随着宏伟壮丽的元大都崛起，西山成千上万的古木也消失殆尽，留给山区的只有大面积的裸露岩石或次生树木。建都过程中石料、土方的开采也必然破坏包括森林在内的地表植被。元末重开金口河的主要目的也还是为了运输西山的木材、煤炭等物。虽然这次开河以失败收场，但是这个事件表明，直到元朝末年，西山依旧是大都建筑材料与燃料的重要供应地，那里的森林也一直处在持续不断的砍伐过程中。

能源是人类生存的基本条件之一，在元大都及其附近地区，柴草、芦苇是使用最普遍的燃料。时人熊梦祥《析津志》记载：大都城内有烧饭桥，"南出枢密院桥、柴场桥，内府御厨运柴苇俱于此入"。宫廷以及地位高一些的人家，要烧掉更多的木炭与煤。就元大都与明清北京城的能源构成来看，树木、柴草是城郊广大农村与窑厂的基本燃料；原料取之于森林的木炭，是宫廷、衙署与部分家庭取暖的主要能源，金属冶炼以及部分窑厂也需要以此为燃料。煤炭在元代已经进入城乡的取暖与生产领域，明清时期成为北京的能源支柱。

为了保证宫廷的能源供应，元朝在行政机构中设置了柴炭局、材木库、蔚州定安等处山场采木提领所、矾山采木提举司等机构，负责管理采伐、储存林木以及烧炭、柴炭分配等事务。定安在今河北蔚县东北 30 公里定安村，矾山在今河北涿鹿县东南 30 公里矾山镇，它们管辖的采木区都在卢沟河中上游流域。早在中统三年（1262）即已设立的"养种园"，职责之一就是"掌西山淘煤，羊山烧造黑白木炭，以供修建之用"[26]。所谓"淘煤"亦称"洗煤"或"选煤"，是将开采出来的原煤进行分类筛选，以决定其利用方式和价值。"羊山"一作"仰山"，位于今门头沟区上苇甸镇一带。附近集中分布着"炭厂""炭厂西沟""炭厂东沟""林沟""上苇甸""苇子水"等聚落，应是这里在元代及其以后作为烧炭基地的历史记录，林木与芦苇丰富的偏僻山沟恰好为烧炭准备了物质条件。至元二十年（1283），"以东宫位下民一百户烧炭二月，军一百人采薪二月，供内府岁用，立局以主其出纳"[27]。从西山乃至更远的蔚州一带砍伐的树木，通常是顺着卢沟河水运到大都西南的卢沟桥，以供应城市的需要，其中就包括作为燃料的木柴。至元二十四年（1287）设置上林署，在"掌宫苑栽植花卉，供进蔬果，种苜蓿以饲驼马"之余，还要担负起"备煤炭以给营缮"[28]的任务。此外，烧制琉璃、砖瓦等建筑材料的窑厂，加大了大都城的燃料需求。中统四年（1263）置大都南窑厂和琉璃局，至元四年（1267）置西窑厂。至元十三年（1276）在少府监之下设立"大都四窑厂"，"领匠夫三百余户，营造素白琉璃砖瓦"，从前所设南窑厂、西窑厂、琉璃局，一并归其管辖[29]。工部于至元十三年（1276）和二十五年（1288），分别置平则门（今阜成门）窑厂与光熙门（旧址在今东城区和平里北街东口与朝阳区东土城路交会处）窑厂[30]。它们所用柴炭的供应，也势必增大对周边地区森林的采伐。前文提到的《卢沟运筏图》所显示的，就是元明时期从西山乃至更远的蔚州一带伐木后水运到大都附近的情形。这种大规模采伐，使西山地区以及永定河中上游流域的原始森林迅速减少，逐步改变了维系北京水环境的地理条件。

明朝永乐年间营建北京及其以后的城市建设与城市生活，同样需要大量的木材和能源来支撑。北京周边森林面临的压力持续加重，永定河中上游流域依然是供应北京建筑材料和官民燃料的主要区域。

朱国桢在《涌幢小品》中记载："昔成祖重修三殿，有巨木出于卢沟。"[31]这就表明，永乐年间修建北京城的宫殿时，除了在四川、云南、湖广等地大量采伐森林之外，还曾利用了从卢沟河漂运而来的巨大木材，开采地点仍是北京西山乃至上游更远一带的山林。采伐这类特殊木材，往往也伴随着巨木周边一定范围内低矮植被的破坏。

除宫殿、寺庙等城市建筑需要建材，越来越多的水利工程建设也需要不断地采伐周边地区的山石、林木。据《明宪宗实录》卷一百五十四记载，成化十二年（1476）六月，"浚通惠河成，自都城东大通桥至张家湾浑河口六十里，与卒七千人，费城砖二十万，石灰一百五十万斤，闸板、桩木四万余，麻、铁、桐油、灰各数万"。从明代的一般情况推测，其中的石灰、闸板、桩木等，取自西山乃至浑河上游山区的可能性很大。《明孝宗实录》卷九十二记：弘治七年（1494）九月"工部奏：自永乐以来，本部所用竹木，率于芦沟桥客商所贩木筏抽分"。这就是说，工部所使用的竹子和木材，大体上是从卢沟桥贩卖木料的商人那里抽取的实物商税。抽分厂获得的木材数量越多，表明永定河中上游山区森林采伐的程度越高，相应的植被破坏以及引起生态问题的可能性也就越大。

据《宛署杂记》卷二十《志遗》记载，嘉靖十五年（1536）立《敕建永济桥记》碑，记载了为修建永济桥"庶务咸熙，乃以工曹官往督西山诸处石运"之事，委派工曹官"往督西山诸处石运"，就是去西山开凿巨量的石材用于建桥。这些工程也势必毁掉大片地表植被。嘉靖四十六年（1567）立《敕修卢沟河堤记》碑称："经始于嘉靖壬戌秋九月，报成于癸亥夏四月，凡为堤延袤一千二百丈，高一丈有奇，广倍之，崇基密楗，累石重甃，鳞鳞比比，翼如屹如，较昔所修筑坚固什百矣"。这次维修卢沟河的堤防"崇基密楗，累石重甃"，表明工程建设中使用了大量的石材和木料。为了节省成本与运输便利，从盛产石材的西山就近取材是最佳选择。可以想见，河堤竣工后，西山又增添了一片荒山秃岭。明代大儒王守仁游览香山时所写的"林间伐木时闻响，谷口逢僧不记名"之句，就是对北京西山伐木见闻的记录。

又比如修建仓库。《明宣宗实录》卷九十七记载，宣德七年十二月丁未（1432年1月13日），"行在工部先奏：作京城仓廒，发民取材于蔚州。至是又奏请遣官监督。上曰：今正严寒，姑停止，俟春暖为之可也"。这条记录说明的是：冬季暂停在蔚州一带的伐木作业，待到春暖花开时再继续以修建北京城的仓廒。

保障日常生活所需木柴和木炭的供应，是明代在北京周边大量采伐森林的重要原因。永乐年间营建北京以后，木柴、木炭、煤炭的消耗与开发规模都超过了元代。洪熙元年（1425）之前，"弛西山樵采之禁"，放宽了对打柴与采集果实的限制。宣德三年（1428）三月，"上谕行在工部曰：畿内百姓采运柴炭，闻甚艰难。自今止发军夫于白河、浑河（即永定河）上流山中采伐，顺流运至通州及芦沟桥，积贮以供用，可少苏民力"。宣德九年（1434），"令蔚州及美峪、九宫口、五福山、龙门关等处山场，除成材大木不许采取，其小木及椽枋之类，听人采取货卖"。显然，这里的采木区域涉及的是浑河上游及北京北部山区。宫廷消耗的木柴有片柴、顺柴、杨木长柴、马口柴等几类，而以御膳房专用的马口柴最昂贵。《宛署杂记》记载：石景山"近浑河有板桥，其旁曰庞村，曰杨木厂，沿浑河堆马口柴处"。"火钻村，有清河，即放马口柴处"。"杨木厂"即今石景山区驻地西南2.5公里、永定河东岸的"养马场"；"火钻村"即今门头沟区斋堂镇东2公里、永定河支流"清水河"南岸的"火村"。由此可见，浑河上游流域是"马口柴"的主要产地，木柴砍伐后顺流漂下，河畔的"杨木厂"与"火钻村"就是堆积存放之地。

对地表森林、建筑以及地下水源具有破坏作用的煤炭开采，在明代北京西山更加普遍。今门头沟区马鞍山上的戒台寺，竖立着成化十五年六月二十二日（1479年7月11日）明宪宗的《敕谕》石碑，其中写道：寺院周围"近被无籍军民人等牧放牛马、砍伐树株、作践山场，又有恃强势要私开煤窑、挖通坛下，将说戒莲花石座并折难，殿积渐圻动……今后官员、军民、诸色人等，不许侮慢欺凌；一应山田、园果、林木，不许诸人骚扰作践；煤窑不许似前挖掘。敢有不遵朕命，故意扰害、沮坏其教者，悉如法罪之不宥"㉞。这块石碑就是明代门头沟地区采煤业普遍展开并已危及戒台寺僧人利益与寺院安全的明证。

到了清代，建筑用材及砍柴烧炭之需更甚。比如，每年要派出"易州山场斫柴夫一千一百五名，共银三千三百一十五两，外加路费银一百一十两五钱，脚价银二十七两四钱四厘"㉟。由此可以约略推知直隶其他府州派出"斫柴夫"的数量以及易州等地山场砍伐林木的巨大规模。此外，清代允许越出长城关口砍柴烧炭，既反映了人口增长造成的生存压力，也表明北京周围的林木已经远远不足。

清代西山煤炭的开采量持续增加，源源不断的煤炭从西山进入北京城。清中期著名学者赵翼指出："京师自辽建都以来，千有余年，最为久远。凡城池宫殿、朝庙苑囿及水陆运道，经累代缔构，已无一不完善通顺。其居恒日用所资，亦自然辐辏，有若天成。即如柴薪一项，有西山产煤，足供炊爨。故老相传'烧不尽的西山煤'，此尤天所以利物济人之具也。唯是都会之地，日益繁盛，则烟爨亦日益增多。虽畿甸尚有禾梗足资火食，而京师常有数十万马骡藉以刍秣，不能作炊爨之用，是以煤价日贵。余在京时，煤之捶碎而印成方墼者，每块价钱三文，重二斤十二两。今价尚如旧，而每块不过斤许矣。此不可不预为筹及也。"㊱煤炭的开采虽然抵消了一些木柴、木炭的使用，有助于减少周边森林的过量采伐，有效地解决了能源问题，但也破坏了地面的植被。

中国第二历史档案馆藏的一份档案显示,门头沟矿区多年采煤导致近代"山上全无树木"[37]。

滋润田园——促进北京周边农业发展

永定河水早在三国魏晋时期就被人工导引用于农田灌溉,进入都城时代后,人口增加,农业发展需求更旺,农田水利建设也更加频繁和宏大。

引水浇灌更多农田

前文提到过,金代时凿通南长河连接今昆明湖与高粱河水的初始目的,也包含了增加白莲潭上游水源以利周边农田灌溉:"引宫(太宁宫)左流泉灌田,岁获稻万斛";金章宗承安二年(1197),"敕放白莲潭东闸水与百姓溉田";三年(1198),"又命勿毁高粱河闸,从民灌溉"。这些例子,充分显示了高粱河对于金中都城北区域农业灌溉的效益。金代引卢沟河水所开凿的金口河在当时也发挥了重要的农田灌溉的功能。大臣们讨论堵塞金口的利弊时说道"若固塞之,则所灌稻田俱为陆地,种植禾麦亦非旷土",意思是说,将金口河堵塞后,虽然用金口河水灌溉的稻田变成旱地,不能再种植水稻了,但是改种旱地作物也可以有所补偿。这是金口河具有灌溉效益的明证。元初，郭守敬谏言重开金口河时也说，金代所开的金口河，"其水自金口以东、燕京以北，灌田若干顷，其利不可胜计"。可见，其对于京北一带农业发展的作用是很大的。

元世祖至元七年(1270)十一月，申明劝课农桑赏罚之法，颁布农桑之制十四条。其中有"凡河渠之利，委本处正官一员，以时浚治。或民力不足者，提举河渠官相其轻重，官为导之。地高水不能上者，命造水车，贫不能造者，官具材木给之……田无水者凿井，井深不能得水者，听种区田"。㊳至元二十八年（1291），郭守敬奉诏兴修水利，建议"改引浑水溉田"，别引昌平白浮泉等清水注入通州至大都之间的河道，置闸节制，以通漕运㊴。至正十二年(1352)底，中书省臣脱脱言："京畿近地水利，招募江南人耕种，岁可得粟麦百万余石，不烦海运而京师足食。"㊵转年正月，命司良哈台、乌古孙良桢兼大司农司卿，给分司农司印，主管"西自西山，南至保定、河间，北至檀、顺，东至迁民镇"范围内的官地及元管各处屯田，招募江南人来营造水田，为此给钞五百万锭，以供分司农司用于工价、牛具、农器、谷种、招募农夫诸费。同时，采用许官的手段，激励到江浙、淮东等处招募能种水田及修筑围堰的农夫各一千名为农师，教民播种。元末采取上述措施在京畿发展水田，自然少不了开发浑河（元明时期永定河的名称）中下游的灌溉之利。

明清也曾在局部地区导引永定河水灌溉沿岸土地。据光绪《顺天府志》卷四十八《河渠志十三》记载，清代宛平县治西南、卢沟桥西北修家庄、三家店等处,引永定河水泄之村南沙沟,不粪而沃。雍正六年(1728),营成稻田一十六顷。三家店在永定河出山口,而修家庄这个地名现已消失。乾隆九年(1744),御史柴潮生疏云"石景山有庄头修姓",那么,修家庄当距石景山不远。雍正四年(1726)二月,奉命勘察直隶水利事的怡贤王允祥疏云:"京东白河,为漕运要津,农田蓄泄不与焉。凉水河至张家湾入运,请于高各庄(在通州西南)开河,分流至埝上(在武清西北),循凤河故道疏浚,由大河头入分流处,各建一闸,以时启闭,可溉田畴。"[41]计划由高各庄开的河,就是今通州区南境"通惠南干渠"的前身,用以分引凉水河以灌溉通州南境田地。凉水河在元、明时尚是浑河北派,故可视为清代引永定河水灌溉的一例。乾隆时,"苑囿(指南苑)以南,淀河(指大清河)以北,引潦顺流,粳稻葱郁";京南一带开辟稻田几千顷,也得益于永定河水或由永定河补给的地下井水的灌溉。光绪七年(1881),有人从石景山麻峪引永定河水灌溉,"正渠一道,计长四里;支渠一道,计长里许"。八年(1882),曾任福建布政使的王德榜,又在永定河右岸修建城龙渠,北起龙泉镇城子,南到卧龙岗,长二十一里,数十年间,永定河泥沙随灌溉水淤淀于田内,使薄沙地变成良田[42]。

泉水滋润花田园林

山间谷地、山麓地带或盆地边缘的泉水,也是永定河水系的组成部分。北京城西南郊,历来多泉。《明一统志》云:"百泉溪在(顺天)府西南一十里丽泽关，平地有泉十余穴，汇而成溪，东机流入柳村河。"㊸明代《帝京景物略》记载："右安门外南十里草桥，方十里，皆泉也。会桥下，伏流十里，道玉河以出，四十里达于潞。"有了泉水的滋润，养花、种稻、修建园林等盛极一时，"土以泉，故宜花，居人遂花为业。都人卖花担，每辰千百，散入都门"㊹。清人励宗万描述说：

右安门外西南，泉源涌出，为草桥根深叶茂，接连丰台，为近郊养花之所，元人园亭皆在此。今每逢春时，为都人游观之地，自柳村、俞家村、乐吉桥一带，有水田，俱旗地。桥东为三公主园，南有荷花池。过此则王纲明家园也，墙外俱水田种稻。至蒋家街，为故大学士王熙别业，向时亭台极盛，今亦荒芜矣。其季家庙、张家路口、樊家村之西北，有官司庄并各村地亩，半种花卉，半种瓜蔬。刘村西南为礼部官地，种粟米、高粱及麦。京师花贾，皆于此培养花木，四时不绝而春时芍药尤甲天下。泉脉从水头庄来，向西北流，约八九里，转东南入海子(南苑)北红门，旭张湾。水清土肥，种植滋茂，春芳秋实，鲜秀如画，诚北地难得之佳壤也。㊺

水头庄泉水，为凉水河之源，凉水河经南苑内，于马驹桥西东出，至张家湾入白河。乾隆三十九年(1774)《御制凉水河作》云：

凉水出凤泉，玉泉各别路。

源出京西南，分流东南注。

岁久未疏剔，率多成沮洳。
漫溢阴道途，往来颇致误。
王政之一端，未可置弗顾。
迩年治水利，次第修斯处。
建闸蓄其微，通渠泻其怒。
有节复有宣，遂得成川巨。
川傍垦稻田，更赖资稼务。
南苑红门外，历览欣斯遇。
或云似江乡，宁饰江乡趣。
兴农利旅然，永言识其故。

且不论乾隆这首诗的艺术水平如何，仅就诗中谈到的凉水河两岸的水利来说，已值得重视。特别是在"漫溢阴道途，往来颇致误"句下，作者自注道：

自右安门至永定河，地势洼下，每遇霖潦，辄漫溢阴旅途。岁久未治，积成沮洳。迩年以来，清厘水道，出内帑，简臣董其事。自凤泉至南苑，进水栅二，浚河三千余丈；又自栅口至马驹桥，浚河五千余丈。修建桥闸凡九，新建闸五，以资节宣。于是，凉水河之水乃得安流无患。其浚河之土，则于右安门外培筑甬道一千余丈，以便行人。河两岸旧有稻田数十顷，又新辟稻田九顷余，均资灌溉之利。或云地似江乡风景者，不知予之意期于农旅俱受其益，并非藉此而点缀也。[46]

远郊的农业开发

在北京延庆县，明代引用永定河支流和泉水灌溉农田，取得了很大成绩。万历四十四年(1616)，胡思伸撰《新垦水田碑记》称：

> 延庆一州，尤为泉流之汇，称边之泽国焉……乃率乡约刘视远、屈尚仁等，遍阅屯堡，察地分渠，溯原水道。一因海陀泉涧，引至古城，浚渠由双营抵州城一十里，垦田五千余亩。水远郭壕，大培地脉。一因佛峪泉浚渠数里，抵张山营，远至集贤屯，垦田一千余亩。一引北山下蔡泉等水，东自中羊房，西接张山营，南沿田宋营、上下孤泉及吴家营、郎家庄、小河屯，垦田一万四千余亩。通渠之费，皆藉资军夫万余工。掘侵民地为渠，即给官银偿之。匝月间成畦者，遍相望也，几及三万亩。至于地袤旷迂，尚未尽辟，有待而举，会新任守讳去霄，偕管粮杜俯讳齐名，各锐意民事，留心水利，并国督率鼓舞，开垦前地所未成者，又亩逾三万。复及东红寺、黑龙庙、集贤屯、花园屯，保安新城所辖矾山堡等处，皆引水灌溉，计田又三万余亩。沙碛萑苇堡之奥，悉化为膏腴。即小民且争相开浚，行成错绣，如曹官等堡，匪可计数。总之，皆上心民力，有以普成之也。顷岁获稻粮数十万石。时米价涌沸，自稻田开而斛平，家给户足，人心安堵。[47]

这次大规模的农田水利改造，是永定河水利开发的范例。

水力资源的应用

历史上，除了引水灌溉，永定河的水力资源很早也得以开发。除了用来行船运漕，还有在中上游地区普遍设置水磨、水碾进行粮食加工。元代熊梦祥《析津志》"物产篇"记"西山斋堂村南朋水磨，日碾三十余石"，这就是利用了永定河支流清水河的水力加工粮食的实例。乾隆《延庆州志》卷一《水利》也有记载："妫川自双营南即湮塞流竭，旧道犹存。干河东南流数里，入于地，伏流十余里复出，至永定界，有水碾、水硙四座。"今延庆永定镇有上磨村，即因此而得名。延庆境内的其他水磨，也都设在永定河的支流妫水河之上。

更大规模地开发永定河的灌溉水利，是中华人民共和国建立以后的事。1952年至1954年间，于北京市延庆县与河北省怀来县交界处，以妫水河（古清夷水）下游河道及其注入永定河后的部分河道为主体建成了具有防洪、灌溉、供水、发电等综合效益的大型水利工程——官厅水库。水库建成后直至1995年，共向下游京津地区供水254.99亿立方米。首都钢铁公司、石景山发电厂、高井发电厂、北京钢铁厂、北京第一和第二热电厂等大型工业企业用水，主要靠官厅水库供给；并灌溉永定河下游京、津、冀地区土地百万余亩（6.7万多公顷），有永定河、南红门、新河、金门渠、北村、眼照屯等主要灌区。通过永定河引水渠的输送，北京城有一部分的河湖用水，也来自官厅水库。永定河引水渠1957年建成通水，上起门头沟区三家店永定河拦水闸，东经模式口、西黄村，沿南旱河旧道，经半壁店、罗道庄进入玉渊潭，东南过木樨地、白云观，于西便门入护城河，全长25.13公里。建成之初，最大引水量为30立方米/秒，后经两次扩建，引水能力提高到60立方米/秒。截至1995年，通过该引水渠为沿途用水户供水、配水量达300多亿立方米[48]。自20世纪70年代以来，永定河下游河道渐渐干涸断水。上游官厅水库因泥沙淤积、水质污染，作为北京主要水源之一的价值因而大为降低，这是永定河沧桑巨变的现实结果。

① (金)元好问辑《中州集》卷九，中华书局，1959年。

② (金)赵秉文《闲闲老人滏水文集》卷七，商务印书馆《丛书集成初编》本，1936年。

③ (清)于敏中等《日下旧闻考》卷八十五《国朝苑囿·静明园》，北京古籍出版社，1983年。

④ 姚汉源《元以前的高粱河水利》，《水利水电科学研究院科学研究论文集》第12集（水利史），水利电力出版社，1982年。侯仁之《海淀附近的地形、水道与聚落》，《侯仁之文集》第124页，北京大学出版社，1998年；同书394页《北平金水河考》一文中还有对此论断更深入的分析。

⑤ 据蔡蕃《北京古运河与城市供水研究》第34页图改绘，北京出版社，1987年。

⑥ 侯仁之、邓辉《北京城的起源与变迁》第82—83页，北

京燕山出版社，1997年。

⑦（清）于敏中等《日下旧闻考》卷一百○八《京畿·通州一·郡县释名》，北京古籍出版社，1983年。

⑧蔡蕃《北京古运河与城市供水研究》第20页，北京出版社，1987年。

⑨孙秀萍《北京城区全新世埋藏河湖沟坑的分布及其演变》，《北京史苑》第二辑，北京出版社，1985年。

⑩《金史》卷二十七《河渠志·卢沟河》，中华书局，1975年。

⑪（元）苏天爵编《元文类》卷五十《知太史院事郭公行状》，商务印书馆，1958年。

⑫据民国顺直水利委员会实测图改绘，转引自《历史上的永定河与北京》第299页，北京燕山出版社，2005年。

⑬（元）魏初《青崖集》卷四《奏议》，台北商务印书馆影印《文津阁四库全书》本，1983年。

⑭（元）苏天爵编《元文类》卷三十一《都水监记事》，商务印书馆，1958年。

⑮《析津志辑佚》中《宛平县·古迹·金口》，北京古籍出版社，1983年。

⑯（元）权衡《庚申外史》卷上，《四库全书存目丛书》本，齐鲁书社，1996年。

⑰《顺天府志》卷十一《宛平县·古迹》，永乐大典本，北京大学出版社，1983年。

⑱《析津志辑佚》中《宛平县·古迹·金口》，北京古籍出版社，

1983年。

⑲ 于德源《北京漕运与仓场》第117页，同心出版社，2006年。

⑳ 蔡蕃《北京古运河与城市供水研究》第31页，北京出版社，1987年。

㉑《元史》卷六十六《河渠志三·金口河》，中华书局，1976年。

㉒《明经世文编》卷四百一十六载吕坤《摘陈边计民艰疏》，卷二四七载胡松《答翟中丞边事对》，中华书局，1962年。

㉓ 朱偰《元大都宫殿图考》，商务印书馆，1936年。

㉔（元）陶宗仪《南村辍耕录》卷二十一《宫阙制度》，中华书局，1959年。

㉕《元史》卷一百六十四《郭守敬传》，中华书局，1976年。

㉖《元史》卷九十《百官志六》，中华书局，1976年。

㉗《元史》卷八十九《百官志五》，中华书局，1976年。

㉘《元史》卷九十《百官志六》，中华书局，1976年。

㉙《元史》卷九十《百官志六》，中华书局，1976年。

㉚《元史》卷八十五《百官志一》，中华书局，1976年。

㉛ 朱国桢《涌幢小品》卷四"神木"条，中华书局，1959年。

㉜《明宣宗实录》卷四十，台湾"中央研究院"史语所影印本，1962年。

㉝《大明会典》卷二百〇四，国家图书馆藏明万历十五年内府刻本。

㉞ 据国家图书馆藏《谕禁碑》拓片解读。

㉟ 王树枏《冀县志》卷十五《起运表》，1929年铅印本。

㊱（清）赵翼《簷曝杂记·簷曝杂记续》"西山煤"条，中华书局，1982年。

㊲罗桂环等《中国环境保护史稿》第310页，中国环境科学出版社，1995年。

㊳《元史》卷九十三《食货志一》，中华书局，1976年。

㊴《元史》卷六十四《河渠志一》，中华书局，1976年。

㊵《元史》卷四十二《顺帝纪五》，中华书局，1976年。

㊶光绪《顺天府志》卷四十八《河渠志十三·水利》，北京古籍出版社，1987年。

㊷北京市地方志编纂委员会《北京志·水利志》第341—342页，北京出版社，2000年。

㊸《大明一统志》卷一《山川》，三秦出版社影印本，1990年。

㊹（明）刘侗、于奕正《帝京景物略》卷三《草桥》，北京古籍出版社，1983年。

㊺（清）励宗万《京城古迹考》"丰台"条，北京古籍出版社，1981年。

㊻（清）于敏中等《日下旧闻考》卷九十《郊坰南》，北京古籍出版社，1983年。

㊼乾隆《延庆州志》卷九《艺文》，1938年铅印本。

㊽北京市地方志编纂委员会《北京志·水利志》第192—312页，北京出版社，2000年。

伤害与冲突

  自金、元历明、清，北京作为王朝的都城，无论在水源、漕运、城市建设、居民生活以及皇家苑囿的装点美化等方面，都依赖着永定河源源不断的贡献。可以说，永定河哺育了壮大的北京，永定河成就了北京的辉煌。犹如母亲一般，曾经苍翠、丰润、充满青春活力的永定河，在为北京城的发展贡献了全部以后，也逐渐陷入衰退、伤病状态，呈现生态退化、河性改变、水害增加的趋势。随着永定河与北京城的关系越来越紧密，人类对它的依赖和人工改造也越来越多，利用和破坏的程度都在加深。河流的自然属性、原生面貌渐渐消失，由此而来的反作用力渐渐增强，与人类需求的冲突日益显现，而这种冲突最主要地体现在灾害的频繁发生上。

永定河流域的环境破坏和生态退化

河名变化反映河性变化

前文说过，历史上的永定河曾有过很多的名称，不同历史时期其主要名称也各有不同。值得注意的是，在辽金以前，永定河水量虽然有明显的季节性变化，但还是较为稳定和丰沛的；流域内森林茂密，河流的含沙量较小，绿水清波，"长岸峻固"，有"清泉河"的美誉。辽金以后，永定河除保留"桑干"之名外，开始有了泸（卢）沟河的称呼。在很多辽人和宋人的记载中，这两个名称往往是并用的。而到了金代，上游仍称桑干河，下游则专称泸（卢）沟河了。关于"卢沟"的来历，明朝人蒋一葵在《长安客话》里解释说："以其黑故曰卢沟。燕人谓黑为卢。"南宋人周煇《北辕录》中也有对卢沟河又称黑水河的记载："卢沟河，一谓之黑水河，色最浊，其急如箭。"事实上，卢沟即黑水这种说法，恰好与这一时期永定河河性的变化相吻合。从辽代开始，卢沟河水开始变得浑浊。《金史·河渠志》里已明确记载它"泥淖淤塞，积滓成浅，不能胜舟"。也就是从这一时期开始，永定河容易泛滥成灾，威胁到北京城的安全。最典型的例子，莫过于前文提到过的金、元三次开凿金口河而失败的事情。原本其目的是扩大漕运，使物资更便利地进入中都城。可是，修好之后总是面临着永定河洪水的重大威胁，尤其是金世宗大定二十七年（1187）和元末至正二年（1342）那两次，卢沟河发洪水，挟沙裹泥地从金口河一路奔腾而来，直冲京城，将沿岸田地房屋一并冲毁，迫使人们赶紧将金口堵上，把河道填埋。

元朝以后的永定河，除原来的名称如"桑干""卢沟"沿袭不废外，又添了几个新名，有"浑河""小黄河""无定河"等，用得最多的是"浑河"。值得注意的是，这几个名称绝对不见于元代以前的文献，而在元、明时期则屡见于史书记载。《元史·河渠志》还明确地指出，"名曰小黄河，以其流浊故也"。清人包世臣更进一步总结了这些称呼的来源："浑言其浊，无定以其系流沙倏深倏浅而名之也。"[1] 显然，这些新名称的出现，反映了永定河水文状况的恶化。

过度开发导致水土流失

为什么会出现这种变化呢？一方面是因为永定河本身来自易被侵蚀的黄土高原；另一方面，就是我们在前文中已经说过的，伴随着北京地位的提升，城市规模日益扩大，城市建设和城市生活对附近森林和土地的需求不断增长，同时，永定河上游地区也在不断地进行着开发，人类的开垦活动越过了农牧交错带而更深入地进到山林、草原。这些导致永定河中上游流域的森林被不断砍伐直至彻底破坏，加剧了水土流失。典型的如金太宗天会十三年(1135)那次,"兴燕云两路夫四十万人之蔚州交牙山,采木为筏,由唐河及开创河道,运至雄州之北虎州造战船,欲由海道入侵江南"②。一次调集40万人到蔚州伐木,这是多么大规模的森林砍伐!元代,地处永定河中上游的蔚州、定安、矾山、宛平等州县都设有采山提领所、山场采木提领所、采木提举司等之类的机构,专门掌管采伐木材、石料及烧炭。明清时期,西山、北山等周边山林中也有类似专管伐薪烧炭的机构设置。可见,永定河上游的茂密森林长期以来被北京城持续而有组织地开采着,再加上元明清以后越来越规模化的煤炭资源的挖掘和农耕用地向山林区域的开拓,永定河流域的植被状况及生态环境自然出现退化和危机。

据历史上的相关统计和今卫星图像的计算,永定河中上游的森林遭到严重破坏后,其官厅以上流域每年的水土流失量接近1亿吨,而永定河全流域多年平均年侵蚀量为1.1亿吨③,也就是说,每年有1.1亿吨的黄土从永定河流域流失了,这是多么惊人的数字!正因为有这么多的泥沙混入永定河水中,永定河曾有的"清泉河"美称,逐步被"浑河""小黄河""无定河"等所取代,河水"初过怀来,束两山间,不得肆",虽"盈涸无定,不为害",但流至"都城西四十里石景山之东,地平土疏,冲激震荡,迁徙弗常"④,下游易淤易决,水患不绝也就不足为怪了。从此,水患日益严重,直接威胁着金中都、元大都以及明、清北京城的安全。

历史上的永定河水灾

在北京的历史上,就发生频率而言,水灾是仅次于旱灾的第二大灾害,但就其对人民生命财产和社会发展造成的损失而言,则是超过旱灾的第一大自然灾害。

元代至1997年间北京洪涝灾害统计表

时期	总年份数(个)	发生水灾年份数	比例(约)	自然灾害中列序
元	97	52	53%	首位
明	276	116	42%	次位
清	267	129	48%	首位
1912—1949年	38	9	24%	首位
1950—1997年	48	18	38%	次位

而在北京地区有关水灾的历史记录中,属于永定河泛滥成灾的比例无疑最高,危害也最严重。

金代及以前的永定河水灾

早期永定河并不是没有洪水。目前所见最早记录,是西晋元康五年(295)[⑤]。该年夏季,洪水冲塌了位于梁山(即今石景山以北的四平山）附近的戾陵堰，损毁了其3/4的坝体，冲垮北岸七十余丈，沿车箱渠两岸漫溢。戾陵堰和车箱渠是建于曹魏嘉平二年（250）、北京最早的大规模水利工程，目的是引灢水（即永定河）入北京，灌溉农田。此后又见于辽统和十一年（993），该年七月己丑，桑干河（今永定河）、羊河（今洋河）在居庸关以西的今河北涿鹿、怀来一带泛滥成灾，包括今北京延庆在内的奉圣州（治今河北涿鹿）禾稼荡然无存。泛滥的河水乘势而下，又给平原地区造成危害，辽南京居民庐舍多被淹溺[6]。此外，应历二年（952）、咸雍四年（1068）、大康八年（1082）等，也有永定河流域的水灾记录。但总的来说，这一时期灾害少有发生，即使发生，对城市造成的危害也比较有限。

金朝建立后，中都成为中国北方的统治中心。随着人口的增加和城市的扩大，对周边河流的灌溉和航运功能的需求日益上升。然而，永定河水灾也呈明显增多的趋势。大定十年（1170），为了增大高梁河水量，使各地漕粮能直运京师并兼顾京西稻田灌溉，金朝在今石景山附近向东开凿了一条金口河，引卢沟水入今玉渊潭，接中都北护城河，直通京城。然而，这条人工河并没有起到理想的作用，不仅航运未果，最后连灌溉的功用也被迫放弃，原因就在于卢沟河日益恶化的水性和日趋增多的水灾。据《金史》之《五行志》《河渠志》等篇记载，大定十七年（1177）七月，因连降大雨，滹沱、卢沟（即永定河）水溢；二十五年（1185），卢沟河决于中都显通寨（即玄同口，在卢沟桥南），诏发中都附近三百里内民夫堵塞决口；二十六年（1186）五月，卢沟河再次决堤，由于堵口费工浩大，朝廷任河水顺势漫流，造成了较大损失[7]；二十七年（1187），鉴于卢沟河连年为害，封卢沟水神为"安平侯"以求平安，但第二年六月，卢沟河又一次决堤，今石景山、丰台、大兴一带汪洋一片。金朝被迫放弃修补玄同口至丁村（今大兴区定福庄西北）一带堤岸，以分水势，确保中都的安全。明昌四年（1193）六月，因连续降雨，卢沟河再次溃决于玄同口至丁村之间。此后又连续三年发生洪涝灾害，都与永定河泛滥有关。

元代的永定河水灾

到元朝时，卢沟河的名称更多地被"浑河"所取代。《元史·河渠志》记载，"浑河，本卢沟水，从大兴县流至东安州、武清县，入漷州界"；又，"卢沟河，其源出于代地，名曰小黄河，以流浊故也"。也就是说，永定河还有"小黄河"的别称。这说明河水的泥沙含量大增，河水已变得十分浑浊。这是该河水性的一个重大变化。元朝立国的98年间，大都地区发生水灾的年份共有52个，仅从《元史》中发现、可明确为浑河泛滥的年份就有22个之多[8]。从记载这22条的水灾情形看，可以总结出以下两点：

1. 永定河泛滥成灾的现象明显增加。永定河水灾占元朝全部水灾的比例达到了1/3以上，其发生频率约为四五年一次，有时甚至连续两三年以上年年决堤，如皇庆、延祐、泰定年间。而每一次决堤泛滥，都造成了"漂没田庐人畜""大水伤稼"，甚至威胁到大都城垣等严重后果。这表明，其危害的程度也大大增加。

2. 永定河的决口泛滥区域逐渐向下游转移。金代，永定河决口多见于石景山至丁村之间，即今石景山、丰台及大兴西南一带。而元朝，大兴、固安、永清、东安、霸州、漷州、武清等下游地区决堤泛滥的记录明显增加，并多于前者。据《北京历史自然灾害研究》一书分析，元朝时期北京地区水灾最为严重的区域就是上述位于大都东南方的各个州县，而这无疑是浑河与潮白河泛滥的共同结果。

事实上，永定河除了因水文状况恶化导致的灾害增多，在河流形态上也有重大改变。据《元史·河渠志》等的记载判断，元代浑河在流至宛平县看丹口（今丰台看丹）之后，分为了三派：北派从东流，经丰台、大兴到通州张家湾附近，与白河（今北运河）汇流，其河道大致与今凉水河相当；中派东南流，经大兴、东安入武清县境汇入白河，大致与今龙河相当；南派往南流，经固安、永清折向东流，到武清南入白河。这三派河道的形成也是由北向南逐渐发展而来的，其中中派河道有一段时期还从今凤河河道经过。总之，这一时期的永定河下游呈现散尾漫流之态，而这又正与河性的变化有关。由于河水泥沙量增大，浑河流出山地进入平原之后，河道坡度骤缓，河水流速陡减，沉积下来的泥沙量也剧增，河床淤高的速度更快，河水的分支漫流也就比之前更加频繁。不断垫高的河床，使河道的行洪能力大大降低，一旦出现连续降水，下游难以容纳、排泄迅猛上涨的洪流，因而造成河堤溃决，洪水泛滥。每一次决口泛滥都可能产生一条新的分支或导致河流改道，使其下游漫流之势更为严重。另一方面，分流又使河水流量分减，降低了冲刷河床淤沙的能力,加速泥沙的沉积,增多漫流与溃堤,并扩大了被洪面积,加重水灾灾情。可见,淤沙、漫流与泛滥成灾这三者之间是有密切关系的。这在元朝时期呈现出同时加重的趋势。

元代永定河下游河道变迁图

浑河日趋严重的水灾，给北京城的发展带来了很大影响。原本，伴随元大都的建设和大一统王朝首都的地位上升，永定河对于日益增长的漕运需求应当是发挥更大作用的。然而，元朝只在元初利用了一段时间的金口河"漕运西山木石"，元大都的建设工程基本结束就迅速堵塞了金口及其渠道。原因就在于，即便郭守敬预见到了防汛问题，特在金口闸之上向西南挖了一条深广的渠道用以泄洪，但浑河水仍不免冲入金口河，危害京城。至元九年（1272）五月下旬，大都连降大雨，旧金中都北垣外"金口黄浪如屋，新建桥虎及各门旧桥五六座，一时摧败，如拉朽漂枯，长楣巨栋，不知所之。里闾耆艾莫不惊异，以谓自居燕以来未省有此水也"。大臣魏初又报告说："两都（即大都与中都）承金口下流，势若建瓴，其水溃恶，平时犹不能遏止，（今）西北已冲湮至城脚"，建议堵塞金口[⑨]。成宗大德二年（1298）、大德五年（1301），浑河水又两次发难，危及大都，遂将金口堵闭，弃之不用。从此，对于导引永定河水以济漕运的计划一直极为慎重，直到元末迫于形势才贸然一试，然而也因洪水突至而归于失败。竣工后刚开闸放水，"水至所挑河道，波涨漘汹，冲崩堤岸，居民彷徨，官为失措，漫注支岸，卒不可遏……其居民近于河者，几不可容"[⑩]；"金口高，水泻而下，湍悍，才流行一二时，冲坏地数里，都人大骇"[⑪]。

引水工程屡试屡败，元代对于永定河的关注点开始更多地放到筑堤固岸上面。在《元史》的列位皇帝本纪中屡屡看到修筑堤岸的记录：至元六年（1269）"筑东安浑河堤"；九年（1272）

十一月"筑浑河堤";二十五年（1288）四月"浑河决，发军筑堤捍之"。大德六年（1302）正月，"筑浑河堤长八十里";四月"修卢沟上流石径（景）山河堤"。至治二年（1322）六月，"修浑河堤"。泰定元年（1324）四月，"发兵民筑浑河堤";四年（1327）三月"浑河决，发军民万人塞之"。也就是说，从此，北京城对永定河由依赖转为防范，大规模修筑永定河堤成为以后历朝历代北京城市建设中的重要一环。永定河水出西山后，不再向东和东北方向流，北京的城市水源转向以西山水系和潮白河水系为主。

明代的永定河水灾

到明朝时，永定河主要称为桑干河、卢沟河、浑河，但见诸文献最多的还是浑河。仅以北京所在的顺天府（初期称北平府）所属各州县统计，史料中明确记载为浑河水灾并危及北京城的就有19次之多，其中9次特大水灾中有5次与其泛滥有关；从水灾指数的地区分布来看，永定河沿岸州县仅次于永定河与北运河交汇处的漷县和通州[12]。现将从文献中发现的灾情记录简要列表如下：

时间	水灾灾情	文献依据
永乐七年（1409）	浑河决固安贺家口	《明史·河渠志》
永乐十年（1412）	顺天府卢沟河水涨，坏桥及堤岸八百二十丈，坏田庐，溺死人畜	《明成祖实录》卷130

（续表）

时间	水灾灾情	文献依据
永乐二十一年（1423）	宛平、隆庆、昌平、通州水。浑河东岸岔道（今八达岭西）南口桥道、通州至直沽河岸被水冲决	《明成祖实录》卷260、261
洪熙元年（1425）	通州、漷县、固安、昌平、京城、宛平、密云、顺义、怀柔、三河等地水。通州河溢，冲决河西务、白浮；浑河决宋家等口岸及卢沟桥东狼窝口河岸一百余丈。水坏京城街渠、城垣及一些卫城，街道溢。霖雨伤稼，没田亩，民缺食	《明宣宗实录》卷3、4、6、8、9、12民国《顺义县志》卷16
宣德三年（1428）	北京浑河水溢，冲决凌水所等多处口岸，坏河堤百余丈；淹没田亩民居，溺死军民；坏南海子城垣及庆丰闸。隆庆、密云、昌平、怀柔、蓟州等地山水泛涨，冲决堤岸，淹没禾稼；卫所关隘城垣多被冲塌。民因乏食，税务难征，悉免之	《明宣宗实录》卷42、44、45、47、49乾隆《延庆州志》卷1
宣德六年（1431）	六月以来久雨，浑河溢，决徐家等口，沿河州县俱水。涿、蓟二州、良乡、永清等禾稼淹没	《明史》卷28《明宣宗实录》卷81
宣德七年（1432）	顺天府漷县、东安、永清等县今夏苦雨，河水涨溢，低田所种黍谷俱伤无收。涿、蓟二州，固安，顺义等夏秋水涝，田谷无收，饥民九千八百六十户	《明宣宗实录》卷93、100
宣德九年（1434）	通州、宛平、密云、昌平、涿州、平谷等奏：五、六月苦雨，水决浑河东岸自狼窝口至小屯厂；北运河西务上下河水决堤岸十五处；淹没田亩，秋田无收。民缺食	《明宣宗实录》卷111、112、115
正统元年（1436）	顺天府大雨浃旬，水溢浑河狼窝口及卢沟桥、小屯厂、西湖东笆口、高梁等闸，堤岸皆决	《明英宗实录》卷20、21《明史》卷28
正统四年（1439）	顺天府五月中至六月大雨连日；浑河决小屯厂，运河决通州至直沽堤闸三十一处；京师水溢淹民居三千三百九十区，溺人二十一名；灾民无数，饥	《明英宗实录》卷55、56

（续表）

时间	水灾灾情	文献依据
景泰六年（1455）	京师天雨连绵，房屋倾颓，淹没军民庐舍、禾稼。官府赈恤。宛平闸决，被灾	《明英宗实录》卷255、256、260
景泰七年（1456）	顺天等府自七月大雨，至八月浑河等诸河溢。大水，民饥，税粮蠲免	《明英宗实录》卷270、272、273
成化十四年（1478）	顺天府五月后骤雨连绵，水势泛滥，平陆成川，禾稼淹没，人畜漂流，史称"数十年之未有"。古北口、居庸关等关隘被冲塌。良乡、固安、通州尤甚，民饥	《明宪宗实录》卷180、181、182
弘治二年（1489）	通州、顺义、宛平等淫雨为灾，京城内外房屋多有倾颓者。浑河决杨木厂（今石景山养马场）堤。通州张家湾及卢沟桥一带被灾尤甚。民饥，发粟平粜	《明孝宗实录》卷28、29《明史·河渠志》
嘉靖二十五年（1546）	顺天府大雨，山水暴涨，水深数尺，禾稼俱没，城垣民舍倾覆甚多。户部发银米赈恤灾民，免各地税粮有差。通州、宛平、大兴、武清等县尤甚，沿河民居漂没甚众。民饥	《明世宗实录》卷312、313、314光绪《顺天府志》
嘉靖三十二年（1553）	顺天府通州、涿州、良乡、固安、怀柔、隆庆等州县淫雨成灾，大水坏城。文安决沙口堤，水深丈余，人皆上城，登舟。大饥，免各地税粮有差。米价腾贵，人相食	《明世宗实录》卷399、403光绪《顺天府志》《随园随笔》卷15
嘉靖三十三年（1554）	顺天府淫雨，浑河、潮、白、通惠河等诸河溢，漂没墙垣庐舍，水势浩渺无涯，秋禾尽没，杀人畜无数。低下村庄皆被水冲漂。京师米价十倍，男女殁之过半，大饥	《明世宗实录》卷411、412
隆庆元年（1567）	京师霖雨不止，浑河泛溢，平地深二尺余，漂庐舍、田稼。免顺天等府秋粮有差	《明穆宗实录》卷9、10、11

（续表）

时间	水灾灾情	文献依据
万历元年（1573）	京师浑河水泛，伤永清县麦禾	《明神宗实录》卷17
天启六年（1626）	京师淫雨连绵，京城房屋塌伤千三百余间，死人二十余名。卢沟河水发，从京西入御河，穿城，经通惠河至通州 大雨，西山洪水骤发，城中水深六尺，新旧屋宇倾倒不计其数。卢沟桥人家被水冲去。良乡城俱倾，势若江河，尸横遍野，直至涿州而止	《明熹宗实录》卷73 光绪《顺天府志》

从上表中可以看到，洪熙元年，宣德三年，正统四年，景泰六年、七年，弘治二年，嘉靖三十二年、三十三年，天启六年等年份，永定河发生的洪水都造成了重大灾情：冲坏水闸、桥梁及城垣，水溢街渠巷陌，淹没农田民舍，溺死人畜，甚至穿城而过，经通惠河与北运河洪水相接，致使京城南郊从西到东汪洋一片。

如果仅从给北京地区造成危害的永定河水灾的次数来看，或者从它在明朝时期发生的频率（发生次数相比于朝代周期）来看，似乎还不如元朝时期的严重，其中原因之一就是：自元至明，修筑永定河堤已是保护京畿安全必做的大事，形成了一种制度或者惯例。洪武十六年，永乐七年、十年，洪熙元年，宣德三年、九年等年份，永定河分别在卢沟桥、狼窝口以及固安的贺家口等多处泛滥决堤，酿成严重水灾[13]。每次决堤之后，朝廷都要发军民万人以上补修堤坝。正统元年（1436）七月，"大雨浃旬，水溢浑河狼窝口及卢沟桥、小屯厂、西湖东笆口、高粱等闸，堤岸皆决"，遂命行在工部左侍郎李庸负责修堤。一千五百多名工匠、二万多役夫修成的卢沟桥以下河堤，"累石重甃，培植加厚，崇二丈三尺，广如之，延袤百六十五丈，视昔益坚"，被赐名为固安堤。嘉靖四十一年（1562），又命工部尚书雷礼主持增修、加固卢沟河堤岸，堤长增至一千二百丈，高度、厚度亦随之增加，"较昔修筑坚固什伯（倍）矣"[14]。

但是，尽管如此，明代浑河的决口泛滥依然常常发生在石景山至卢沟桥之间。而卢沟桥以下，则是频繁的分流和改道。这是明代永定河水灾的特点。这一特点正是在永定河下游上段筑堤而下段放任自流、上段河床淤高而下段泥沙随处淤积这两方面综合作用的结果。

值得注意的是，由于明代浑河在看丹口以下分为两支，其中北支经今丰台柳村、鹅凤营、草桥、洋桥等地东流，接今凉水河河道，由通州高丽庄入白河（即北运河）。加之，每一次在卢沟桥附近决口后的洪水也总是经北京城南，往大兴、东安、武清方向夺路而奔，留下许多大大小小的河道，最终都与北运河尾闾相接。因而，北运河水系的水灾状况亦往往与浑河的涨水、决口夺道有关。即使浑河的洪水被卢沟桥以上的大堤锁住而未能在京城西郊作乱，但它在卢沟桥以下奔流东去或南下，要么漫流于固安、霸州、新城、永清，要么冲入大兴、东安、通州、武清，回顶潮白河水流，致使通州、武清一带泛滥成灾。明代北运河在通州、漷县一带泛滥的次数多达29次，尤其是张家湾附近动辄汪洋一片，致使通州、漷县的水灾指数高居榜首，这绝不单纯是北运河水系洪水泛滥的缘故。

清代的永定河水灾

清朝时的永定河又称浑河、无定河,康熙年间始赐名"永定",遂沿用至今,从名称上也能知道永定河在清代依然是一条不安定的河。清朝入关后的 268 年间共发生了 129 个年次的水灾,有 42 次属于永定河水灾,在其中的 5 次特大水灾、30 次严重水灾中,永定河就分别占了 4 次与 18 次[15]。详情见以下简表:

时间	水灾灾情	文献依据
顺治八年（1651）	因浑河凌汛而被水灾,免宛平县本年份水灾额赋	《清世宗实录》
康熙七年（1668）	七月连雨,浑河水发,冲决卢沟桥及狮岸……田禾淹没,庐舍倾颓甚多;浑河水决,直入正阳、崇文、宣武、齐化诸门,五城以水灾压死人数上闻,北隅已民亡一百四十余人;宣武门内水深五尺,漂没行人	《清圣祖实录》《客舍偶闻》
乾隆二年（1737）	六月以来雨水过多,浑河水发,卢沟桥、葫芦堡并张客等处溃口十六处,小约十数丈,大至一二百丈及四百丈不等;房山、良乡、宛平一带滨河田亩、庐舍被水淹浸;宛平城衙被冲;良乡被水共三十六村,伤人百十。言称数十年所未有	《清代海河滦河洪涝档案史料》
乾隆二十六年（1761）	七月淫雨,各处山水河水陡发暴涨。永定河北岸三工黄字十三号堤坍塌,浑水与沥水通连八丈有余。宛平、良乡、涿州西山之水及拒马、胡良等河溢注大道,冲没田禾,至庐舍坍损	《清代海河滦河洪涝档案史料》

（续表）

时间	水灾灾情	文献依据
乾隆三十二年（1767）	七月大雨，低田洼道间有积水，今将大兴之采育镇沥水向南导入永定河遥埝减河；松垡、小屯等十数村庄沥水东南导入凤河	《清代海河滦河洪涝档案史料》
乾隆三十四年（1769）	二月内，永定河北岸二工第十二号大堤，因河冰未解，雪水下注，水漫冰上，穿堤而出，至决口二丈有余	《清代海河滦河洪涝档案史料》
乾隆三十五年（1770）	闰五月中旬，大雨倾盆，昼夜不止，永定河北岸二工六号、八号、十号、十二号、十四、十五、十七等号堤岸冲塌，大溜浸出六号缺口，致附近各村庄禾稼被淹，并有坍塌房屋之处	《清代海河滦河洪涝档案史料》
乾隆三十六年（1771）	据永定河道禀称：六月二十九，七月初一、初二等日，大雨不止，卢沟桥上游发水丈余……因雨大水溜，将南岸二工漫口七十余丈，北岸二工漫口一百余丈。其间尚有水漫断堤十五处。大兴被淹一百五十五村，宛平二百二十村，良乡八十八村，固安三百三十九村，永清二百五十村，东安三百一十村，霸州二百三十三村，武清五百二十村，通州五百八十八村，以上成灾八分以上者，急为抚恤，先行给赈一月口粮	《清代海河滦河洪涝档案史料》《清高宗实录》
乾隆四十五年（1780）	七月中旬，永定河上游各州雨势较大，十八日又遇大雨倾盆，卢沟桥西岸漫溢出槽，经过之良乡、大兴、宛平、固安、永清、东安等县村庄，田庐无不损伤。宛平县衙全行冲失。蠲免以上被灾县田粮，加赈	《清代海河滦河洪涝档案史料》《清高宗实录》

（续表）

时间	水灾灾情	文献依据
乾隆五十九年（1794）	永定河六月下旬水势猛涨，将北二工二十号堤顶漫过，塌去堤身六十余丈，河溜直注，归入求贤减河；南头工二十六号堤亦漫过堤顶，塌去堤身八十余丈，水由老君堂、官庄、马头归入大清河。十月，赈恤霸州、东安、宛平、良乡、涿州、通州等州县水灾贫民	《清代海河滦河洪涝档案史料》《清高宗实录》
嘉庆二年（1797）	闰六月至七月间，大雨如注，平地水深二尺。永定河卢沟桥南北岸各塌堤三百余丈，并将金门闸冲去二十余丈，全河大溜悉从漫口下注。淹及下游宛平、良乡、通州、霸州、宝坻、武清、文安、固安等八州县，成灾五分。免额赋	《清代海河滦河洪涝档案史料》《清高宗实录》
嘉庆六年（1801）	永定河于六月初三因连日雨水过大，水势陡发，由卢沟桥北六里许自东安冲开约宽二十余丈，渐流渐宽……由拱极城西北奔赴东南，经小井村、丰台、草桥一带直至南苑，冲塌南海子墙垣、庙宇；黄村地方街道直冲大溜，两旁房屋倒塌，青云店、采育、礼贤等处村庄俱被水淹，各村灾民搭席栖止，田禾淹浸，淌出地亩沙压一二尺及四五寸不等。计宛平县卢沟桥等四十二村共被冲去房屋二千三百余间，溺人三十五名；房山岗洼等村塌房七十余间；良乡篱笆房等六十七村，冲塌房屋二千八百余间。加赈大兴、宛平、通州、房山、良乡等被水灾民	《清代海河滦河洪涝档案史料》《清仁宗实录》
嘉庆十年（1805）	六月，永定河北岸二工处所漫溢三十余丈。贷宛平、固安等县被水灾民种子、口粮	《清仁宗实录》

（续表）

时间	水灾灾情	文献依据
嘉庆十五年（1810）	七月初，大雨连绵，诸河泛涨，永定河两岸同时漫溢。宛平、良乡、涿州、房山、通州等州县具报田禾被淹。长辛店以南、涿州、良乡县南门外等处水深数尺。宛平、良乡、涿州、房山、东安等计成灾六七八分不等，赈恤有加	《清代海河滦河洪涝档案史料》《清仁宗实录》
嘉庆二十四年（1819）	七月下旬，永定河卢沟桥下北上头工漫口，大溜直奔东南，由大兴、宛平之所属狼垡、羊房、李家营、高米店、小营、洪家村、西黄村、海子角、草桥、马家堡、礼贤镇、青云店、上营、采育等村入东安境，至凤河归海，被淹村庄至八月仍节节皆水，土房全被冲淤，禾稼俱损。展赈灾民种子、口粮	《清代海河滦河洪涝档案史料》《清仁宗实录》
道光元年（1821）	七月，永定河水涨，将卢沟桥北中、下等汛劈堤六十二丈，北四工溃堤三十余丈，致沿途桥座均被冲塌；阜成门至彰义门外水深二三尺不等	《清代海河滦河洪涝档案史料》《清宣宗实录》
道光二年（1822）	二月十八日，永定河北三工凌汛漫溢，宛平、固安等四县村庄被浸淹。 又，六月以来雨水过多，各河宣泄不及，大兴、宛平、房山等俱报被水淹漫情形。分别缓征、抚恤	《清代海河滦河洪涝档案史料》《清宣宗实录》

（续表）

时间	水灾灾情	文献依据
道光三年（1823）	六月中，永定河水涨汹涌，北中汛十三号全河大溜直注，漫溢三十余丈，势若排山；漫水由庞各庄复归永定河下游。漫口附近各村庄及沿河州县宛平、大兴、房山、涿州、固安、永清、东安等俱报：田禾冲淹、房屋城垣衙署亦有倒塌，漫口附近水势汪洋，洼者全境淹没。免宛平、大兴、通州本年额赋，缓征良乡、房山等新旧粮租	《清代海河滦河洪涝档案史料》《清宣宗实录》
道光八年（1828）	永定河自六月十九至二十四日七次涨发，卢沟桥下波涛汹涌，北下汛头号终致坍塌三十余丈。冲坏南苑大红门楼座等	《清代海河滦河洪涝档案史料》
道光十四年（1834）	七月初，永定河北中汛、下汛及北三工等处漫溢堤长共计七百余丈，漫水由前后辛庄、庞各庄、求贤归入旧减河，往黄村、大营村、张华村一带至武清县黄花淀仍归永定河尾闾。宛平鹅房等二十一村成灾七分，求贤等二十二村成灾六分，宋各庄等二十二村成灾五分，公议庄等二十八村成灾四分；大兴县各村亦成灾四至六分不等。缓征额赋	《清代海河滦河洪涝档案史料》《清宣宗实录》
咸丰三年（1853）	永定河于夏秋之际，大雨连旬，沿岸堤坝被水冲塌百有余丈，河道因改于固安县城南，淹没村庄数十处，灾民数千	《清代海河滦河洪涝档案史料》
咸丰六年（1856）	七月，永定河北四上汛、北三工河水盛涨，漫溢决口，大溜由固安县南张化村至永清、东安、武清，入大清河归海	《清代海河滦河洪涝档案史料》

(续表)

时间	水灾灾情	文献依据
咸丰九年（1859）	七月，永定河北三工因连日水涨，前后冲塌堤岸共计七十余丈，漫水由固安十里铺等村归入旧河形，顺流而下，经永清、东安、武清入大清河；宛平县南与固安、东安连界处村庄亦被水淹	《清代海河滦河洪涝档案史料》
同治六年（1867）	七月中旬，连日大雨倾盆，永定河北三工五号堤漫塌三十余丈，夺溜而去。缓征宛平、良乡、房山、通州等被水州县新旧额赋有差	《清代海河滦河洪涝档案史料》《清穆宗实录》
同治十一年（1872）	六七月间，迭降大雨，山水陡发，永定河、琉璃河等盛涨，北二上五号、北下汛十七号等堤岸漫溢，大溜越堤而过，漫口宽七十余丈。宛平、良乡、房山等成灾皆五分以上，缓征税粮，赈济灾民	《清代海河滦河洪涝档案史料》《清穆宗实录》
同治十二年（1873）	六月，大雨弥月，永定、潮白、温榆、蓟运、拒马等河同时异涨，多有冲决。宛平、良乡、房山、通州等被水成灾。蠲免、缓征额赋有差	《清代海河滦河洪涝档案史料》《清穆宗实录》
光绪元年（1875）	六月，大雨连绵，永定河于二十五日南二工六号漫堤，口门宽约六七十丈，大溜一涌而过，经良乡、固安境内归金门闸引河入大清河东去	《清代海河滦河洪涝档案史料》《清德宗实录》
光绪八年（1882）	六月淫雨，永定河水涨，北上汛十四号、卢沟司南岸四号等处堤岸冲塌	《清代海河滦河洪涝档案史料》
光绪九年（1883）	六月中淫雨连绵，永定河水漫延凤下注，城东南南苑、采育直至东安等处，村落多被冲淹，平地水深数尺。大兴、宛平、通州等重灾	《清代海河滦河洪涝档案史料》

（续表）

时间	水灾灾情	文献依据
光绪十四年（1888）	六月连雨，七月又兼大雨，山水暴涨，石景山至卢沟桥间堤岸多处漫堤、决口，冲塌民房、淹毙人口甚众，浮尸漂流之涿州、良乡地面。宛平、房山二县并发泥石流，倒屋伤人，灾情甚重。蠲免租粮有差	《清代海河滦河洪涝档案史料》《清德宗实录》
光绪十六年（1890）	五六月大雨，山水奔腾而下，势若建瓴，永定河两岸并南北运河、大清河及任丘千里堤先后漫溢多口，上下数百里间一片汪洋，有平地水深二丈余者。庐舍民田尽成泽国，人口牲畜溺毙居多。实为数十年所未见。 六月，房山山水涨发，冲入浑河，卢沟桥上水深尺许，南三工决口数十丈，惊涛骇浪滚滚南趋，冲坏看丹、草桥、六圈、樊家村、纪家庙、黄村、马驹桥、采育、礼贤、旧镇、张家湾等十八村庄，淹毙人口不计其数。外城永定、左安、右安各门，雨水灌注不能启闭，食物断绝。良乡、涿州、固安等地亦水深数尺，一望无涯。灾民亿万	《清代海河滦河洪涝档案史料》《清德宗实录》《天咫偶闻》
光绪十八年（1892）	六月中下旬，大雨如注，永定河水陡涨。卢沟桥翅水过尺余，北三之十二号、北二上五号，因大溜横激，堤身溃塌。宛平、大兴、良乡、房山、涿州、通州、顺义等被灾。蠲免有差	《清代海河滦河洪涝档案史料》《清德宗实录》
光绪十九年（1893）	六月，永定河卢沟桥以上石堤节节被冲，两岸上下数百里漫溢，水泻东南，至右安门外洪水横流，直灌至西红门，注于黄村等处，下接通州。附近村庄俱已淹没，淹没人畜无数，人皆露宿，惨不忍睹。实为前所未有之奇灾。以大兴、宛平、良乡、涿州、通州、顺义为最重，房山次之	《清代海河滦河洪涝档案史料》《清德宗实录》

（续表）

时间	水灾灾情	文献依据
光绪二十年（1894）	入伏后，大雨连日，永定河、南北运河等纷纷决，平地水深数尺至丈余不等，汪洋一片，民田庐舍冲塌无数。大兴、宛平、良乡、涿州、通州、顺义等被灾尤重	《清代海河滦河洪涝档案史料》
光绪二十一年（1895）	七月，各河同时涨发，大兴、宛平多数村庄田庐俱没，被灾尤重	《清代海河滦河洪涝档案史料》
光绪二十二年（1896）	七月，永定河北中决口近三百六十余丈，淹及大、宛两县三十余村，东安、武清几乎全境被灾，平地水深四五尺，冲倒房屋，淹毙人口巨多。蠲免钱粮	《清代海河滦河洪涝档案史料》《清德宗实录》
光绪二十三年（1897）	夏秋之际，山水暴发，北运、凤河（永定河减河）等相继漫溢，沿河低洼州县田禾淹没。大兴、通州、顺义歉收严重	《清代海河滦河洪涝档案史料》《清德宗实录》
光绪二十四年（1898）	伏秋以后淫雨连绵，各河同时盛涨，北运、凤河（永定河减河）等相继漫溢，沿河低洼州县田禾淹没。宛平县属成灾四至六分不等	《清代海河滦河洪涝档案史料》
光绪三十年（1904）	六七月间节次大雨，山水下注，永定河等多处漫决，宛平、良乡、房山等洼地禾稼被淹，成灾三至六分，缓征税粮	《清代海河滦河洪涝档案史料》《清德宗实录》
光绪三十二年（1906）	二月十四日以后，冰凌融化，河水陡涨，卢沟桥虹为之壅塞，致卢沟司南岸石堤头、二、四、五号被冰撞残，缺口二三百丈	《清代海河滦河洪涝档案史料》
光绪三十三年（1907）	六月下旬节次大雨，山水下注，永定河、北运河等堤纷纷漫口，滨河之地禾稼多被水淹。缓征税粮	《清代海河滦河洪涝档案史料》

(续表)

时间	水灾灾情	文献依据
宣统三年（1911）	三月，永定河北上汛漫凌串沟，致坍堤脚三段，长十数丈 七月，倾盆大雨，山洪奔注，永定河两岸各汛溃堤，几无不险。沿岸秋禾被灾	《清代海河滦河洪涝档案史料》《清宣统政纪》

在上表中所列各次灾害中，尤以康熙七年，嘉庆六年，光绪十六年、十九年的最为严重，不仅直接造成北京城的巨大损失，还给京师所属各州县带来了几十年不遇的大灾荒，震动朝野。例如康熙七年（1668）七月，因连日大雨，"浑河水发，冲决卢沟桥及狮岸"。永定河的汹涌波涛冲开卢沟桥大堤，"直入正阳、崇文、宣武、齐化诸门。午门浸崩一角。五城以水灾压死人数上闻，北隅已民亡一百四十余人。上（康熙）登午门观水势，更遣章京察被灾者……"[16]时人所撰《客舍偶闻》，更是详细描述了当时的惨烈情形[17]：宣武门一带水深五尺，洪水漫过了城壕，吞没了桥梁，声如雷鸣，势如峡泻。有一个卖菜的人，被激流冲过城门，人和货担转瞬即逝。还有一个乘骆驼过城门的，驼足不胜湍急，被冲入御河，人浮水抱树幸而得免，骆驼则淹死在水中。宣武、朝阳等城门一带，许多城外溺毙的尸体随水漂流入城。由于街道积水，官员上朝不敢骑马，都用肩抬的小轿；偶有骑马者也是用人牵着马，官员坐马背上翘着脚才不至于湿鞋。满族官吏按例不能乘舆，有一个侍郎身体肥胖无法翘着脚坐在马背上，于是雇了几个身强力壮的小伙儿用一个大澡盆子推着他去上朝，引来一路嗤笑。至于卢沟桥以下的长辛店、良乡，以及在今河北省境内的涿州、霸州、

雄县、献县等地，也都被洪水淹没，直到二十多天后才退去。康熙帝亲登午门察看灾情，其惨状促使他下决心彻底治河。他把"三藩、漕运、治河"作为亲政后的头等大事，命人镌刻在大殿廊柱上，以时时警醒自己，随后又把永定河筑堤工程推向高峰。康熙三十七年（1698），"自良乡老君堂旧河口起，迳固安北十里铺、永清东南朱家庄，会东安狼城河，出霸州柳岔口三角淀，达西沽入海，浚河百四十五公里，筑南北堤百八十余里，赐名'永定'。自是浑流改注东北，无迁徙者垂四十年"[18]。"永定河"由此得名，清代的永定河堤防也从此成为一个更加严密的系统。

光绪十六年（1890）右安门外水灾情况图

但永定河水患却依然无法根除，清末随着朝局的衰退而变得日益严重。如光绪十六年（1890），永定河的又一次溃决给北京及河流沿岸地区带来了一场百年不遇的特大洪灾。永定河两岸先后漫溢多口，上下数百里间一片汪洋，有平地水深二丈余。而"卢沟桥上水深尺许。永定河南三工决口数十丈，奔涛骇浪滚滚南趋，计冲坏看丹村、草桥村、六卷村、樊家村、纪家庙、黄村、马驹桥、采玉（育）镇、礼贤镇、九（旧）州镇、张家湾等十八村庄，淹毙人口牲畜不计其数。西南一望尽成泽国，倒灌入南西门（即右安门），城门壅闭者数日。并冲决南苑墙数十丈，穿苑东流，遂入东安、武清二县，以注天津。而良乡、涿州一带，水深数尺，路断行人"。河水还漫及城区，"前三门外水无归宿……家家存水，墙倒屋塌，道路因以阻滞……大清门左右部院寺各衙门，亦皆浸灌水中，永定、左安、右安各门不能启闭，交通运输断绝"[19]。此次水灾造成了京师地区的粮食及其他物资供应的严重短缺，引发了大饥荒。

近现代时期的永定河水灾

1912—1949年民国时期北京发生的6次重大、特大水灾，全部都与永定河的泛滥有关。在这么短的时间内，就发生如此多的严重水灾，这是自清朝以来永定河水质状况进一步恶化、河床进一步淤高，而国家长期陷于战乱、无力防范和治理水患所造成的。1933年，华北水利委员会曾制定《永定河治本计划》，但因政局动荡、战争连绵而终未能实施。结果，1939年7月发生的特大水灾就给了民国社会以沉重打击。当时，北京地区连降暴雨，时间长达月余，7—8月总降雨量达1 137.2毫米，是北京西北部有实测资料以来的最高记录，且降雨范围覆盖潮白河、北运河、永定河及大清河水系，致使这些河流水位全部上涨，从而酿成特大洪灾。其中，永定河最高洪峰流量为4 390立方米/秒，为50年不遇的大洪水。永定河在卢沟桥以下相继决口，致使良乡、房山及大兴西南部泛滥成灾。仅房山、良乡淹没面积达310平方公里，5万户人受灾，2万余户倾家荡产，死伤多人。京汉、京津铁路被冲断。其水向东与潮白河、北运河洪水连成一片。8月31日《大公报》载："通县且全部被淹，自北平南郊至保定，茫茫无边际。"由于华北平原的排水系统十分不畅，各地积水至10月中旬仍未退去。据10月30日《申报》转载《字林西报》10月18日的报道称："(津浦)铁路线以西乡野，极目所见者类似大湖沼，偶有地面村落较高之房屋，犹在水中，若海中岛屿然。秋季之谷类，以及日方期望至高之著名棉花，均已全毁……秋收全告绝望……粮食断绝……则地面积水，未必能在明年夏季降雨之前退尽，故另一季收成亦将无望，而灾荒至少将历两载也。"9月2日《申报》评述："此次水灾为80年来所仅见，无家可归者已达数百万。"

中华人民共和国成立以后，永定河也曾发生多次险情。如1950年、1954年等。1956年的水灾，是永定河干流在中华人民共和国成立后发生的最大一次也是迄今最后一次水灾。7月下旬至8月上旬间，永定河发生了两次洪水，冲毁三家店拦河闸工地，并导致西麻各庄决堤，洪水通过 300 米的口门冲向麻各庄、辛庄、求贤、西胡林一带，西麻各庄以下的永定河几成干河。这次决口，使当时的大兴县 6 个区中的 3 个区遭受严重灾害，共倒房 4.21 万间，死 1 人，伤 7 人[20]。直到官厅水库及斋堂、苇子水等中小型水库陆续建成后，才杜绝了下游洪水灾害。1985 年，国务院将永定河列入全国四大江河重点防御对象之一，建成了卢沟桥分洪枢纽工程，并不断加高加固下游堤防，其中三家店至卢沟桥河段左岸堤防可达到百年以上的防洪标准。显然，这些措施都是千方百计为了北京城的安全而做的。

历史上永定河水灾的特点

纵观历史记载，永定河水灾具有以下几个特点：

季节性强

汛期时间集中于夏秋时节，尤以七八月间为主。成因多系降雨季节性分配不均，一段时间内集中降雨而使河水宣泄不及所致，因而洪峰的突发性强、水势来得迅猛，但一般持续时间不会太长。二三月间，永定河中上游由于河道相对狭窄，偶尔也会发生凌汛。但近代以来上游水源减少，冬季多呈枯水状态，凌汛发生的概率已大大减少。

决口地段集中

永定河发生决口的河段主要在出山峡以后，即三家店以下，对于北京城直接威胁最大的则是石景山至卢沟桥以下一段。值得注意的是，历史上永定河决口位置的变化与其堤防修筑的长度和位置有关。金元时期，永定河多决于石景山至卢沟桥一段，直接危害京城，故金、元两朝注重修筑这一段河堤。明朝以后，为防范其在涿州、固安、霸州、永清等地的散尾漫流，进一步修堤至固安、霸州一带，而此后永定河决口的位置也相应移至卢沟桥以下至固安境内一段，并在此段常常分流改道。清朝康熙三十七年（1698），接旧堤又筑起了从良乡老君堂历固安、霸州、永清直达大城淀泊的一百八十余里的南北大堤，有效地遏止了永定河下游经常性的摆动改道，但决堤的危险却一直由中游贯穿至下游。清朝后期，发生在固安、永清、东安、武清一带的永定河决口现象愈演愈烈，永清境内的改道依然频仍。这是因为永定河在金元以后水质发生变化，含沙量增大，筑堤约束了河道，使河床不断淤高，时间一长就变成了高出河堤外地表的"天河"，决堤的危险自然就大。

灾害区域集中

永定河成灾的范围，重点在中下游地区。就今北京地区而言，主要在石景山往东南，良乡、宛平、丰台、大兴、南苑、通州及城区西南、南部地区；就明清时的京师范围而言，重灾区还包括今河北涿州、固安、霸州、永清、文安、廊坊、武清等地。值得一说的是，永定河干支流洪水到达其下游时，还在通州及武清一带回顶北运河水，造成或加重北运河水系的洪涝灾害。因此，当永定河泛滥之时，通州、武清等地的水灾往往相伴发生。

危害严重

历史上永定河水灾的危害大都十分严重，通常造成京畿地区大片民房倒塌、田亩无收、人畜溺毙及城区积水、交通阻滞等灾难性后果，严重威胁京城的安全和社会的稳定。

水旱同因，相伴而生

越是干旱时期越容易出现水灾，水、旱灾害由少至多、由轻至重的发展趋势往往是一致的。这一点看似矛盾，实际上它们有着共同的成因，那就是季风性气候决定的雨水在时间、空间上的分布极度不均。在时间上的分布不均：一是体现在季节不均，如春旱（或春夏旱）秋涝（或夏秋涝）；二是体现在年份不均，如大旱年后有大涝，或者相反。冬春控制华北地区的干冷气流滞留时间越长、减退速度越缓，夏秋来自太平洋的暖湿气流向北推进势必愈加迅猛，在极短的时间内完成两种季风的交替，这就容易导致雨量过度集中，出现暴雨。在空间分布上，雨量往往集中在东南季风受山势阻挡而抬升的坡面地带，北京小平原正好位于太行山脉与燕山山脉的东南迎风坡前，即使在干旱时期也比华北其他地区暴雨多。再加上，长期的干旱致使土壤松散、沙化，一遭暴雨冲刷便泥流滚滚，从而使河流含沙量大，既易淤堵也易溃决。历史上的永定河正是这样的典型。自 20 世纪 70 年代以来，永定河河道干枯、断流（与上游水库太多、开发过度有关），城市建设设施逐渐向河岸紧逼，河道变窄，有些河段还被橡胶坝分隔截水，或栽花种树变成绿地、公园甚至高尔夫球场……那么，洪水一旦形成，因排泄不畅而导致的危害将难以预想！

总之，由于永定河水灾的威胁，北京城对永定河由最初的依赖、利用，变为以防御为主。辽以前的永定河是城市的主要水源和农田灌溉用水，金、元时期则注重开河引水助漕，明、清以后主要是筑堤防洪。北京城市水系的格局也由此发生根本变化，城市布局朝北部及东北部水源靠近。直到今天，永定河中下游防洪体系的构筑，依然影响着沿岸一带村镇的分布、工农业布局及经济的发展。

---

① （清）包世臣《安吴四种》卷四《记直隶水道》，见《包世臣全集》，黄山书社，1991年。

②《大金国志校证》卷九，中华书局，1986年。

③ 颜昌远主编《北京的水利》第102页，科学普及出版社，1997年。

④《明史》卷八十七《河渠五》，中华书局，1974年。

⑤《晋书》卷二十九《五行志下》，中华书局，1974年。

⑥《辽史》卷十三《圣宗纪四》，中华书局，1974年。

⑦《金史》卷八《世宗纪下》，中华书局，1975年。

⑧ 尹钧科等著《北京历史自然灾害研究》，中国环境科学出版社，1997年。

⑨《元史》卷六十四《河渠志一》，中华书局，1976年。

⑩《析津志辑佚》中《宛平县·古迹·金口》，北京古籍出版社，1983年。

⑪（元）权衡《庚申外史》，《四库全书存目丛书》本，齐鲁书社，1996年。

⑫ 尹钧科等著《北京历史自然灾害研究》，中国环境科学出版社，1997年。

⑬《明史》卷八十七《河渠五》，中华书局，1974年。

⑭（清）于敏中等《日下旧闻考》卷九十三《郊坰西三》，北京古籍出版社，1983年。

⑮ 尹钧科等著《北京历史自然灾害研究》，中国环境科学出版社，1997年。

⑯《清圣祖实录》卷二十六，中华书局，1987年。

⑰（清）彭孙贻著、于德源点校本《客舍偶闻》第22—23页，北京燕山出版社，2013年。

⑱《清史稿》卷一百二十八《河渠志三》，中华书局，1977年。

⑲《清代海河滦河洪涝档案史料》第539—544页，中华书局，1981年。

⑳ 北京市地方志编纂委员会《北京志·水利志》第二篇《水旱灾害》，北京出版社，2000年。

治理与改造

  金、元以后，永定河河性发生变化，河水挟沙卷土，冲阻激荡，易淤易决，迁徙无常，给沿岸人们带来了极大危害。因而，元、明、清历代王朝都很重视对永定河的治理，或疏浚以导流，或筑堤以束水，尤其是永定河之石景山至卢沟桥以下"北京段"的筑堤防洪，被视为京畿事务之要。而永定河经过"北京段"之后，在冀中平原湖泊洼淀地区造成的泥沙淤积日趋严重，由河道淤塞、宣泄不畅而导致的整个下游流域的决口漫溢，也成为永定河治理的难点和重点。围绕着如何治理永定河的问题，历朝历代提出过多种治理方略，或从局部的工程措施着眼，或从上中下游全面治理的宗旨出发，有的实施效果明显，有的则被证明是错误和失败的，但都为后人留下了历史的经验和教训，尤其是那些对流域环境带来重大改变和深远影响的治理工程，更值得后人总结和反思。

对永定河的治理

自传说时代的大禹治水以来,我国历史上关于治河的办法不外乎"堙障"与"疏导"(或称"堵"与"疏")这两大既互为对立又彼此相济的方略。所谓以"堵"为主的治河方略,并不意味着完全排除"疏"的措施。同样,以"疏"为主的方略也需要与一定的"堵"作为辅助手段。围绕着如何治理永定河的问题,历代的帝王和官员提出了多种具体方案,也都是在这两大策略之间的争论、权衡、取舍和综合。

以"堵"为主的治河方略

自金代始,北京上升为都城,周围州县也就成为京畿重地,永定河是流经此地的最大河流,它的安澜与否直接关系到京南诸州县农业收成的丰歉和百姓生活的安定。所以,金、元以后,修筑永定河堤,成为一件不容稍怠的大事。

据《金史·河渠志》记载,金朝大定年间卢沟河决于显通寨(今石景山至卢沟桥之间),"诏发中都三百里内民夫塞之"。但没过几年,卢沟河又先后发生了两次决口,洪水泛滥中都城南。这两次洪水让金朝廷感觉筑堤之事是"枉费工物",遂听之任之,让河水顺势漫流，以分水势。

面对日益严重的水患，元朝彻底放弃了开凿金口河导引永定河水以济漕运的计划，而专注于筑堤固岸。《元史》中列位皇帝的本纪中都有筑堤的记载，如：元世祖至元六年（1269）"筑东安浑河堤"；九年（1272）十一月，"筑浑河堤"；二十五年（1288）四月，"浑河决，发军筑堤捍之"。成宗大德六年（1302）正月，"筑浑河堤长八十里"；四月，"修卢沟上流石径（景）山河堤"。英宗至治二年（1322）六月，"修浑河堤"。泰定元年（1324）四月，"发兵民筑浑河堤"；四年（1327）三月，"浑河决，发军民万人塞之"。也就是从这一时期开始，北京城对永定河由依赖转为防范。

明代修筑永定河大堤，不仅频率大大增加，其规模及质量也大大提高。据《明史·河渠志五》记载，明洪武十六年（1383）"浚桑干河，自固安至高家庄（今属霸州）八十里，霸州西支河二十里，南支河三十五里"。此后，永乐七年、十年，洪熙元年，宣德三年、九年，永定河分别在卢沟桥、狼窝口以及固安的贺家口等处泛滥决堤，酿成严重水灾。每次决堤之后，明朝廷都要发军民万人以上补修堤坝。正统元年（1436）七月，"大雨浃旬，水溢浑河狼窝口及卢沟桥、小屯厂、西湖东笆口、高梁等闸，堤岸皆决"。"命行在工部左侍郎李庸修狼窝口等处堤"，李庸"奏请工匠千五百人，役夫二万人。上（英宗）从所请，且谕之曰：'此皆要害，汝其尽心理之，必完必固，毋徒劳民'。"[①] 这次所修卢沟桥以下的河堤，"累石重甃，培植加厚，崇二丈三尺，广如之，延袤百六十五丈，视昔益坚。既告成，赐名固安堤。置守护者二十家"②。成化十九年（1483），"命工部左侍郎杜谦督工修筑卢沟桥堤岸"③。弘治二年（1489），"浑河决杨木厂（今属石景山）堤，命新宁伯谭佑、侍郎陈政、内宫李兴等督官军二万人筑之"。正德元年（1506），"筑狼窝决口"。嘉靖四十一年（1562），命尚书雷礼修卢沟河岸。雷氏规划并督修的卢沟河堤，"凡为堤延袤一千二百丈，高一丈有奇，广倍之，较昔修筑坚固什伯（倍）矣"④。由上述记载可知，明朝修筑永定河堤往往派重臣、设专守，倾注大量人力物力。堤岸的长度在不断增加，质量和规格也在不断提高。这些都说明了永定河的水患越来越严重，而相应的，为其筑堤固岸的思想也越来越被人们重视和强调。

清代不仅沿袭明代做法，继续屡修屡决、屡决屡修地完善着永定河大堤，康、雍、乾时期，更是把永定河筑堤推向了一个历史高峰。清朝还把永定河的治理正式纳入国家职能范围，建立了专门的管理机构。

早在顺治九年（1652），清朝就开始大规模地整修过石景山至卢沟桥段的河堤。康熙七年（1668）的大水灾过后，康熙又多次下令巩固堤防，并禁止堤岸两侧的庄户和佃户私自开沟引水灌田，以保障河堤的安全。但这些都未能消除永定河洪水带给康熙帝的心理阴影。经过多次亲自考察之后，终于在康熙三十七年（1698），他完成了中国水利史上浓墨重彩的一笔：命直隶巡抚于成龙直接负责筑起前所未有的永定河两岸大堤，"自良乡老君堂旧河口起，迳固安北十里铺、永清东南朱家庄，会东安狼城河，出霸州柳岔口三角淀，达西沽入海，浚河百四十五里，筑南北堤百八十余里，赐名'永定'"。从石景山一直到下游永清，用两条长堤把往复摆动的浑河中下游河道束缚在固定的河床中，试图杜绝其漫流改道的可能。这是永定河的巨大转折，从此浑流"无迁徙者垂四十年"，"永定河"之名也由此而来。

尽管如此，其后以"高筑堤"和防决堤为首要，仍不断地对永定河堤坝进行修修补补，或开新河，或加筑遥堤，史书上这类工程的相关记载可谓长篇累牍，不绝于时。康熙四十年（1701），在今河北涿州东北的北蔡村北修建金门闸，这是一项与永定河大堤相匹配的重大水利工程。平时可引小清河水冲刷永定河泥沙，洪水来时可向西分泄永定河洪水，减少其东堤的压力。由于河底泥沙淤滞，此闸必须数年一修。乾隆、道光、同治年间都多次改建重修，宣统元年（1909）重建并保存至今。

康熙四十九年（1710），在衙门口、真武庙以及纪家庄至庞村一线（俱在今石景山区）修筑土堤、挑水坝并以埽护堤；五十八年（1719），修永定河沙堤，南岸自高店（今房山高佃）至牤牛河闸（即金门闸），北岸自鹅房（今属大兴）至张客村（今大兴南、北章客）；五十九年（1720），修卢沟桥石土堤；等等。

雍正三年（1725），南北两岸又接筑大堤，南堤自冰窖东堤起至王庆坨，北堤自何麻子营起至武清范瓮口止，使其继续向下游延伸。九年（1731）至十一年（1733）间，则多次加固永定河的石景山至大兴段两岸大堤及月堤，共计长四万七千六百三十丈五尺。

乾隆年间，永定河河床及下游淀泊泥沙淤积问题日益突出，故而一方面继续加强北京段的堤防,一方面着力解决下游清淤疏导的问题,将永定河治理推向一个全面、综合性阶段。乾隆二年(1737),补修南北堤七千九百二十六丈五尺,并开黄家湾、求贤庄(今大兴求贤村)、曹家新庄(今大兴曹辛庄)引河,沟通了与凤河、大清河的联系;三年(1738),疏浚永定河卢沟桥南的黄花套、六道口等处的淤积,开麻峪(今属石景山)、半截河(今属永清)、郭家务(今永清郭家府)各引河,筑南北大堤、月堤、格子堤、重堤、土堤、拦河坝、石子坝、金门闸坝、郭家务坝、隔淀坦坡埝等;四年、五年、九年、十年、十一年、十二年、十三年、二十七年、三十二年等年份,也都有修筑南北岸堤、金门闸坝、求贤坝等,开引河、疏浚凤河及张家湾河道等诸多工程;

金门闸遗迹(孙冬虎摄)

三十七年（1772），永定河再次全面兴工，乾隆遂批复了十四多万两经费，大兴土木予以修治，其中包括重修石景山东西两岸的石堤、疏浚金门闸、下游清淤改道等；四十四年（1779），又"展筑新北堤，加培旧越堤，废去濒河旧堤，使河身展宽"，这等于在原来堤坝之外又重修了一道新堤，丝毫不亚于康熙那次的工程量。

嘉庆六年（1801），永定河"决卢沟桥东西岸石堤四、土堤十八，命侍郎那颜宝、高杞分驻筑堤，并疏浚下游，集民夫五万余治之"。光绪十八年（1892）夏，永定河南上汛灰坝漫口四十余丈，有大臣奏请将石景山以下堤岸全部添砌石堤以确保安全，清廷欲行但终因工程耗费巨大而改为"择要接筑石堤八里，并添修石格"⑤。可以说，永定河的治理工程一直没有消停，从嘉庆、道光直至清末，永定河屡屡溃决，连年修堤、挑淤，史不绝书。当时虽有官员提出全流域治理的设想，但因时局等因素的制约而未能实行。

从上述有关清代永定河筑堤的历史记载中可以看出：永定河的河防是清廷京畿事务的重大问题；清代石景山至卢沟桥永定河东岸的河堤基本都被改造成石堤或加片石护内帮的石戗堤，这是永定河工程史上的重要进步；清代永定河大堤的长度、规格，工程的复杂性、系统性及其管理制度的专业化和完善程度等，都远远超过前代。永定河堤防成为一个严密的系统，从而将历史上曾经有过的清波漫流的永定河与北京城远远地隔开。

永定河大堤遗迹——石景山区东岸清代十八磴石堤

以"疏"为主的治河方略

筑堤固然有利于沿岸人民的生命财产安全，但河道不再摆动，又使含沙量甚高的河水把大量泥沙滞留在河床及其汇入的淀泊中，被泥沙顶托的河水宣泄不畅，湖泊的蓄水调节功能逐渐减弱，永定河反而表现为更为频繁的淤积和决口。防止决堤与河湖淤积成了大规模筑堤之后治理永定河的更大难题。而清淤和疏导工程，主要集中在地势平缓的下游河段，也就是今河北固安、永清、廊坊、霸州、文安与天津武清一带。

康熙三十七年（1698），大规模筑堤后不到两年，永定河下游"郎城（又名安澜城河，亦名琅川淀，在东安县南70里）淀河淤且平"⑥，永定河遂改道南下，流出柳岔口，注辛章河（今属霸州），又使信安以南高桥淀、胜芳淀等湖淀淤塞。于是，雍正四年（1726），怡贤亲王与大学士朱轼承命疏浚河道，将永定河下口于柳岔口稍北改向东去，开新河自郭家务至长甸河70里，经武清县王庆坨、范瓮口之间入三角淀，达津归海。然而，这一改道工程又致使三角淀逐渐淤平。

雍正十年（1732）四月，大学士鄂尔泰等奉命议定永定河建筑重堤的奏请时说永定河水性善淤，其下游流向淀泊之处河道狭隘，尤易淤填，必须不时疏浚，使尾闾通畅，这样上流才不至于壅滞泛冲；河岸堤工沙土松浮，还须密种柳树以护堤根；等等。此后，鄂尔泰还数次主张对河道加以疏浚。乾隆二年（1737）九月，他与大臣顾琮查看石景山一带的河工后，针对河段沙多、流急、善淤的特性也提出了"治堤不如浚河，筑高莫若挑浅"的思想。按照上述想法，清朝在北岸的张客以及南岸的寺台、金门闸、郭家务修建了减水坝，在永清半截河堤北开挑新河，以原河的北堤为新河的南堤，再建一道新北堤，向东过武清县六道口、清沽港入淀河，但也因低洼易涝而未能成功改道。

永定河下游淀泊淤积严重、筑堤费用巨大，乾隆三年（1738）十一月，直隶总督孙嘉淦提出使永定河回归故道的设想。他在奏疏中说："永定河冲决之患，实因筑堤而起……今若能因势利导，使水尽归南行，诚为不治而治之上策。"⑦在乾隆帝的支持下，孙嘉淦利用金门闸西股引河，在霸州一带入中亭河与白沟、西淀，由玉带河向东，过天津丁字沽入海河，也就是恢复了由大清河诸河淀入海河的故道。

乾隆十五年（1750）三月，鉴于永定河河道淤积几乎与堤岸平齐，直隶总督方观承建议在北堤六工改移下口，其地在今永清县贺尧营。第二年，在南岸永清县东南的冰窖口开堤放水。不足三年，新的淤积已经非常严重，导致漫决、夺溜之灾。乾隆二十年（1755）正月又奏请将北岸六工改为下口之处，"令循北埝导归沙淀，照旧以凤河为尾闾"，"逾沙淀以东，则北埝至南埝三十余里，就下之势或分或合，弥漫一片，原足任其荡漾也"⑧。此举利用下游淀泊滞洪容沙，改移河水入淀之口，虽然缓解了河槽淤为地上河的危机，却也加剧了淀泊的淤积速度。

乾隆十六年（1751），永清冰窖口以下七、八工之正河五十余里，除中段二十余里尚存河形外，头尾三十余里全淤。故而不得不自东安县南端得胜口至武清县西南王庆坨南，再挖引河二十二里，穿过淤高的三角淀，向东导入叶淀（武清县南六十里），使永定河达津归海。然而，如此一来，从清中期到清末，叶淀由"周一百三十余里"缩小为"宽长约五六里"⑨，这又是永定河泥沙淤积的结果。

乾隆三十六年（1771）十二月，负责直隶河务的大臣高晋、裘曰修、周元理在奏疏中说，治理永定河"无一劳永逸之策……唯有疏中泓、挑下口以畅其奔流，坚筑两岸堤工以防其冲突。犹恐大汛之时满盈为患，深浚减河以分其盛涨"。在这些普遍适用的治河原则之下，他们更看重疏浚河道的作用。三十七年（1772）

四月，裘曰修、周元理奏请设立船只、配备器具以挖泥浚河，他们提出："治河之道，必使水由地中，未可专借堤防恃为巩固。每年经过汛水之后，溜缓沙停，易致积淤为患，是挑浚之功最关紧要。在汛水未发之前、既发之后，皆须逐段详查。一有新淤，即当乘时急办。"⑩

如此专注于下游挑挖淤积、导渠引水，只能解决局部问题，而对整个流域的治理实在是影响有限。

治河机构与防汛分工

除了修筑百里大堤，清朝还特意设置了专管永定河河务的管理机构——永定河南岸分司、北岸分司，衙署设在固安城内。雍正四年（1726）改设永定河道⑪。此后随着河务的增多与职责的细化，职官名目和数量亦有所变化。按照职责要求，各级河务官吏必须把办公地点设在河堤之上或所辖近河之地，"每岁大汛之期，河道率文武员弁皆驻宿堤上，总督亦移节河干"⑫，这项制度在整个清代一直延续下来。河堤修守的重点时段是凌汛、麦汛以及伏秋大汛，汛期要做到"四防""二守""五事宜"⑬。其中"四防"指昼防、夜防、风防、雨防，汛期水发期间，不论白昼或黑夜，遇到大风或骤雨，都有具体的防护规定。"二守"包括"官守"和"民守"，在官兵常年防守的基础上，汛期还要增派十里之内村庄的民夫日夜更替值班。"五事宜"包括："报水"，大汛之期卢沟桥两岸各汛及下口，派专人守看水志，每日三次按时迅速报告河水涨落情形;"预估工程",秋分后对计划实施的浚河筑堤等工程进行预先估报,春分后再次估报,较大的工程禀请总督奏办;"采备物料",按规定呈报、采办水利工程所需物料;"积土",看守河堤的士兵每年必须完成堆积土牛的任务,以备压埽、填沟、平堤之用;"种柳",要求每名士兵在附堤内外十丈栽植柳树一百株,以巩固堤防。

在各级河务机构的管理下,永定河南北两岸的河堤按照一定长度和顺序划为若干个防汛工段,雍正十年(1732)曾以《千字文》分工编号,从开头的五句"天地玄黄,宇宙洪荒,日月盈昃,辰宿列张,寒来暑往"中,选用除"玄""荒"之外的十八个字排序。乾隆十五年(1750),十八汛员俱兼巡检衔,分管距离河堤十里之内的村庄。二十九年(1764)改为按照本工里数编号,如南岸头工、二工,北岸头工、二工等。有时一"工"还分为"上""下"两"汛",在"工"或"汛"下再编为"号",每"号"负责的地段通常约一里远。守卫河堤的士兵驻在"兵铺"中,每一"号"或若干"号"有"兵铺"一所。此外,各汛每一里河段设立一所"民铺",是守卫河堤的百姓所在的地方。军民协作、分段负责,是清代永定河防洪的成例。经过多年的调整,到嘉庆十年(1805),永定河南北两岸分防十五汛,兼管河堤附近十里的村庄,属北京段的基本在今石景山、丰台、房山、大兴区内,位于今北京段之外的则多分布于固安、霸州、永清等地。

另外,清代还制定了关于河务的成套则例,对工程标准以及施工所用材料、土方、人工的价格都有详细的规定。可以说,这样一套致力于长治久安的制度性建设方案,是始于清朝而利于后世的,直到今天有些内容还在延续和借鉴中。

历史上永定河筑堤的环境效益

从辽金时期的分水漫流,到元明时期的土堤灰坝,再到清朝的石堤、石饯堤,历朝历代对永定河的治理的确是耗费了巨力,尤其是清代的筑堤工程可谓登峰造极。其大堤的长度、规格,工程的复杂性、系统性,管理制度的专业化和完善程度等,都远远超过前代。日益庞大坚固的永定河堤防,对北京城的确发挥了抵御洪水的积极作用,北京城直接受灾的频率确实是大大减少了。但筑堤是迫于京城安全的考虑不得不采取的一种防范措施,它也给永定河的自然生态带来了一定的负面效应,给北京地区的水环境带来了一系列变化。

永定河出西山后的流向从此固定

前文说过,历史上的永定河流出西山后,其河道在北起清河、西南到小清河—白沟河的扇形地带摆动,形成广阔的洪积冲积扇。商以前,永定河出山后经八宝山,向西北过昆明湖入清河,走北运河出海。其后约在西周时,主流从八宝山北南摆至紫竹院,过积水潭，沿坝河方向入北运河顺流达海。春秋至西汉间，永定河主流自积水潭向南，经北海、中海斜出内城，经由今龙潭湖、萧太后河、凉水河入北运河。东汉至隋，永定河主干已移至北京城南，由石景山南下到卢沟桥附近再向东，经马家堡和南苑之间，东南流经凉水河入北运河。唐以后，卢沟桥以下的永定河分为两支：东南支仍走马家堡和南苑之间；南支开始是沿凤河流动，其后逐渐西摆，曾摆至小清河—白沟一线。自有南支以后，南支渐成主流。在这漫长的过程中，南支还出现过分汊，如元代在北支和南支之间还有过中派，就是南支由凤河河道逐渐南摆到龙河河道的过渡状态。然而，自清康熙筑堤之后，在今北京境内的这种河道迁移状况就不再出现了，频繁的改道变成了北京以下的固安、永清、廊坊一带的事情。也就是说，如果没有历代反复修筑的这道堤防，永定河出三家店后向东流或向东北流，都是完全有可能的。

《宋史·宋琪传》记载，北宋户部尚书宋琪曾提出一条打退辽兵的计策："其桑干河水属燕城北隅，绕西壁而转。大军如至城下，于燕丹陵东北横堰此水，灌入高梁河，高梁河狭，桑水必溢。可于驻跸寺东引入郊亭淀，三五日弥漫百余里，即幽州隔在水南。"[14] 从以上提及的地名位置分析，当时的桑干河（即永定河）是从石景山一带向东流的，奔向燕城（即幽州）的西北角，然后南转，绕城西墙外向南流去。宋琪建议在"燕丹陵东北横堰此水"，就是在后来被称为金口的位置附近筑堰建闸，引桑干河入高梁河，使永定河水绕幽州城北，将幽州与辽军隔开。其设想的这条河道就是后来金代开凿金口河的基础。元至正二年（1342），元朝中书参议孛罗帖木儿等提议再开金口河时，中书左丞相许有壬极力反对，他说："西山水势高峻，亡金时，在都城（即金中都）之北流入郊野，纵有冲决，为害亦轻。今则在都城西南，与昔不同。"[15]可知，金末卢沟河还时有从中都城北往东流的现象。又，《马可·波罗游记》中写道："汉八里城（金中都城）在契丹省的一条大江之上，自古以来就以雄伟庄严而骋名遐迩……他（忽必烈）决定在江的对岸另建新都……新旧都城只一江之隔。所都取名大都。"[16]从地理位置判断，马可·波罗所说的这条新旧都城相隔的"大江"，就是从石景山向东沿金代开凿的金口河道流经中都城北的卢沟水。

元朝两次重开金口河失败之后，对永定河基本上以防范为主，不断加筑石景山到卢沟桥一段的堤坝。但永定河从卢沟桥以下仍呈一种自由分流的状态。《图经志书》是一部明代洪武年间官修的志书，它所记载的是元朝至明朝初年的情形，在其《宛平·山川条》中记载永定河"出卢沟桥下，东南至看丹口，冲决散漫，遂分而为三：其一分流往东南，从大兴县界至漷州北乡新河店（即今通州区南凉水河西岸之新河村），又东北流，达于通州高丽庄，入白潞河；其一东南经大兴县境清润店（今作青云店），过东安县……；其一南过良乡、固安、东安、永清等县……与白潞河合流，入于海"[17]。关于元代永定河在看丹口以下的三支分派本书前文已有陈述。总之，元代的永定河仍是沿着古永定河的㶟水故道行走。另据清代吴长元所辑《宸垣识略》记载，在元朝时今南苑、采育一带由于经常有永定河泛滥，遍布沼泽和沙滩[18]。

以上事例说明，辽金元时期虽已开始修筑永定河堤，但永定河在石景山至卢沟桥之间仍有较大的活动空间。但清朝筑堤以后，即使汛期时石景山至卢沟桥间的堤坝经常溃决，也能很快被修补堵塞，卢沟桥以北向东再也没有形成过主流河道。也就是说，永定河从此成为一条从北京城郊西南角"路过"的河流，曾经穿越北京城的清河故道、金沟河故道和㶟水故道从此成为永定河的历史遗迹。

永定河故道地貌及水环境改变

从永定河古河道分布示意图中，我们可以清楚地看到，北京的主要水源涵养区和供给地都在永定河的几条故道上。著名的湖泊园林昆明湖、圆明园等，著名的"万泉之地"万泉庄、沼泽湿地海淀以及清河等都位于最北边的古清河故道；玉渊潭、莲花池、紫竹院、积水潭、后海、中南海、龙潭湖以及高梁河等水域都镶嵌在古金钩河故道洼地中；万泉寺、南海子（南苑）、凉水河、凤河等则是古㶟水河道的遗存。这些水体，要么是永定河流过后的积存，要么是永定河冲积扇溢出的地下水，永定河分出的枝杈就像毛细血管，向北京大地输送着丰沛的水源。永定河筑堤后，主流再也没有从这些故道上经过，不仅如此，由于石堤或石砌岸的阻挡以及泥沙淤积所造成的河床抬高，滔滔河水只能径直向下游流去，很难再通过自然下渗的方式补充地下水，从而使得这些古河道上的沼泽、湖泊、泉流缩小乃至消失，地下水位急剧下降。

首先，对北京城影响最大的永定河清河故道和金钩河故道上的水源供给，在明清时出现十分明显的减少。属于西山东麓支脉的玉泉山，正处于永定河冲积洪积扇的山前溢出带，山脚下原本随处可见清泉涌动，其水汇成溪流、湖泊，密布于今玉泉山、颐和园、温泉、海淀一带，一直是金元明清各朝营建都城、引水助漕、开田灌溉、兴修宫苑的重要水源。但明朝以后，有迹象表明这一水源已经开始衰减。元朝时从玉泉山独自流入太液池的金水河，到明代已湮没废弃，而盘桓于紫禁城的内、外金水河只是从什刹海引出的两条小水渠。以此水源为唯一依赖的什刹海（积水潭）等内城河湖由于上游来水减少，湖面日渐萎缩。从《北京历史地图集》上对比元至正年间，明万历至崇祯年间，清乾隆年间、宣统年间直至民国时期的北京城区地图，就可以直观地看到什刹海（积水潭）水域面积的逐渐缩小。元朝时作为南北大运河终点、一度船桅林立、"舳舻蔽水"的积水潭（元人又称"海子"），到明清时已被大片的街道和稻田蚕食⑲。元朝时曾为南北漕运带来辉煌的通惠河，到明清时已是运行维艰，难以为继。造成如此变化的原因，一方面是明朝修建北京城时对水系所做的重大调整：一是将什刹海东边的一段通惠河划入了皇城，致使漕运码头只能移至今东便门外的大通桥；二是在北边的昌平兴造皇陵，将其附近泉流水脉皆视为龙脉而禁止采用，导致通惠河上源只能单纯依赖玉泉山—昆明湖一带的西山水系。另一方面，则与西山水系水源的客观上减少密不可分。嘉靖年间的吴仲曾说，通惠河"入国朝百六十余年，沙冲水击，几至湮塞，但上有白浮诸泉细流常涓涓焉"[20]。也就是说，除了源头白浮泉（属温榆河水系）尚有涓涓细流之外，沿途的泉流湖泊水量均不足以维持运河补给的需要了。由于水源短缺、河道多沙易淤，明成化、正德、嘉靖年间曾屡次耗费大量人力物力加以疏浚，但漕船通航的成效十分有限。清朝时，通惠河水源匮乏的情况继续加重，到了乾隆年间不得不对玉泉水系进行全面改造，实施了昆明湖水库工程和引西山诸泉入玉泉的石槽工程，但终因玉泉山一带地下水本身的式微而收效一时。曾有资料记载，明朝时玉泉山一带泉水出水时平地涌起一尺许。对此，清朝人表示记载失实，说只有半尺高。可见清朝时其出水量已经今非昔比了[21]。由于缺水，清朝时通惠河的码头已经远移到了通州。

其次，在京郊永定河的故道区域，由于筑堤约束下的河水不再光顾，加剧了湖泊萎缩干枯直至成为平陆的进程，其典型的例子就是"下马飞放泊"和延芳淀的变迁。

今卢沟桥往东经丰台、南苑、马驹桥、采育一带地区，原为永定河漯水故道，历史上曾经泉眼成群、汊流众多、淀泊沼泽密布、人烟稀少，元代宫廷的著名游猎场所——下马飞放泊就是其中的一部分。到明朝时，下马飞放泊的水域面积开始缩小，但仍以其水四时不竭，汪洋若海，而被称为"南海子"。清朝前期，南海子被清廷作为皇家苑囿扩大修缮并严格保护起来，改称"南苑"。乾隆三十六年（1771）有一首诗《海子行》，对这一带的环境做了如下描述："元明以来南海子，周环一百六十里（引者按：元明诸家记载是一百六十里，而清人考证说不过一百二十里。可见南海子在萎缩）。七十二泉非信徵（引者按：《日下旧闻考》记载元明时原有泉流 72 处，到清朝时已减少至 23 处了），五海至今诚有此（引者按：清人在此句下清楚标明：旧称三海，今实有五海。对比明清两朝南苑的地图可以发现，所谓五海其实就是原本烟波浩渺的三大片水域到清朝时已离析为五个小的湖泊，而且第四、第五个湖泊只有在夏秋时节才有水）。诸水实为凤河源，藉以荡浑防运穿。岁久淤于事疏治，无非本计廑黎元。蒲苇戟戟水漠漠，凫雁光辉鱼蟹乐。亦弗恒来施矰缴，徒说前朝飞放泊⋯⋯"[22] 从该诗中可以明显看到南苑一带水体的淤积、退化，但多少还保留了一些水草丰美的景象。但南苑之外的大片地区则自明代以来就不断地被开垦成农田，产生了大批新村落。清朝后期，这一带的垦区和村庄狂潮般地增加，南苑也出现了泉流干涸、水域缩减、万物凋零的破败景象。可见，这里的淀泊沼泽自明代已开始收缩、干涸，到清代后期已然成为大片农田。清朝大规模治理永定河，使这一区域里的水系发生了变化。雍正四年，因筑堤切断了上游河源，遂重新疏浚了凉水河和凤河，改以万泉寺、凤凰嘴、柳村一带泉水作为其上源，从此它们彻底与永定河断绝了联系[23]，水量也随着上游泉脉的萎缩而变得越来越小。

顺古灅水河道再往东，在今通州境内、灅水和潞水（今北运河）交汇处附近，辽代时曾有一片宽阔的水域叫延芳淀，《辽史·地理志》记载其水面"方数百里"，是皇帝和贵族每年春季游猎的著名风景区。元代时，随着永定河的南迁，该水域开始变浅、缩小，并离析成马家庄飞放泊、栲栳垡飞放泊、南辛庄飞放泊、柳林海子和延芳淀几个较小的湖泊。到了清代中期以后，这些小湖泊就完全消失，衍为平陆了。

永定河故道上的水体萎缩和石质堤坝对河水渗透的严密阻隔，所带来的连锁反应就是地下水位下降和浅层地下水的水质恶化。地下水是与河流、湖泊等地表水相互补给的重要水源，如果缺少地表水的下渗补充，其水位和水质都会发生一系列变化。最初，蓟城的起源就是在莲花池附近、永定河冲积扇溢出带上，这里的地下水极其丰富。经考古发掘，仅在会城门至宣武门、和平门一线，就发现了151座从东周到西汉时期的瓦井[22]，这些水井距当时的地面最深不过五六米，大部分是饮用水井，也有一些用于农田灌溉。到元大都时，城区各坊遍布水井，出现很多以井命名的胡同。可见，居民的饮水在很大程度上还是依赖井水的。在明代以前，很少有京城井水多苦的记载，而明清以后却屡见不鲜。清初进京的谈迁记载："京师天坛城河水甘，余多苦……又故相石珤《酌泉诗》：'往往城中水，不如郊外甘。如何城市客，不肯住长安。'京师各巷，有汲者车水相售，不得溷汲，其苦水听之亡论。"[23]乾隆年间成书的《宸垣识略》也说："京城井水多咸苦不可饮，唯詹事府井水最佳，汲者甚众……天坛井泉甚甘洌，居人取汲焉。王士禛《竹枝词》：'京师土脉少甘泉，顾渚春芽枉费煎。只有天坛石瓮好，清波一勺卖千钱。'"[24]这些文字，正是京城甘甜井水"物以稀为贵"的写照。近人徐珂编纂的《清稗类钞》称："京师井水多苦，茗具三日不拭，则满积水碱……若大内饮料，则专取之玉泉山也。"[25]由于京城井水普遍苦涩多碱，皇帝及宫廷贵族们吃水要靠从玉泉山等地取甘泉水特供，有钱有势的人家要么自己打深井，要么则从推车售水的水夫那里购买。到后来，连普通百姓吃水也不得不花钱去买。因此，自明清至民国，北京一直活跃着一个专门的卖水行业。有关京城井水水质变化的过程，从民间盛传的一则"高亮赶水"的传说中也能得到印证。该故事说的是明修北京城时，刘伯温派手下大将高亮去追赶龙王龙母要回水源，结果高亮不小心捅破了龙王龙母装满苦水的水篓，从此整个北京城的水都变成了苦水。从这则传说起源的时间看，北京城地下水质开始恶化的时间应该是在明朝以后。

上述这些变化固然有社会因素（比如政策带动、人口增加、城市扩张等）在起作用，但永定河主流被彻底移出原有河谷是其地貌改观和水环境变迁的地理基础。正是这些改变，给北京城的水源供给带来了重大影响。从此，北京只能转向东北求诸以潮白河水系为主的水源。清末，北京第一座自来水厂——孙河水厂就是建立在隶属潮白河水系的温榆河畔。

下游地区的湖泊淤塞和生态退化

上文提到，除了对北京城的直接危害有所减少外，清朝永定河在北京以南区域泛滥成灾的次数远远高于前朝。这是因为永定河的洪水被中段的大堤锁住而未能在京城西南部作乱。但它奔流东去或南下，要么漫流于固安、霸州、永清，要么冲入大兴、东安、通州、武清，回顶潮白河水流，致使通州、武清一带泛滥成灾。

清朝时，在北至凉水河，西至今小清河—白沟之间广阔的扇形区域内，永定河决堤、改道、泛滥成灾的频率很高，而且愈演愈烈。据光绪《顺天府志》和《畿辅通志》两书中记载的史料统计，有清一代，永定河下游较大的改道有20次，其中，康熙三十七年（1698）以前的只有三次，也就是说，筑堤之后其下游的改道泛滥，在康熙三十七年（1698）至同治十一年（1861）间却有17次之多，几乎不到十年就有一次。

应该说，上述情况与康熙年间大规模修堤有着密切的关系。在此之前，卢沟桥以下没有完整的堤防，一到汛期，洪水漫流，虽然会淹没许多土地和村庄，但水势分散，消落得也快，被淹浸的土地往往不粪而沃，带来后季的丰收。但大堤筑起之后，河水被严密地约束在大堤之内，大量泥沙淤积在河床中，使永定河变成了"地上河"，又有大量泥沙壅塞在河口处，使河水不得畅流，从而导致清中后期永定河下游频频决口改道。也就是说，中游坚固严密的堤坝把洪水夹紧、往下游驱赶，其间不仅加大了洪水的势能，还增加了泥沙的下泄和往下游淤积，把洪水的致灾因子翻倍地传送到了下游地区。对此，时人也有清醒认识。据光绪《顺天府志·河渠志六·河工二》记载：乾隆元年（1736）八月"总理事务王大臣九清议奏……卢沟桥以下，从前至霸州……原无堤岸，因迁徙无定，设遇大水，散漫于数百里，深处不过尺许，浅止数寸，沙淤多沉于田亩……虽民田间有淹没，次年收麦一季更觉丰裕，命为一水一麦。雍正三年（1725），见胜方大淀淤成高阜，清水几无达津之路。雍正五年（1727），于郭家务另为挑河堤，引入三角淀,亦淤为平地,前后数十年来,没有漫溢,今年更甚。"又据光绪《顺天府志·河渠志六·河工二》乾隆六年(1741)记载:"本年九月初一日,直隶总督孙嘉淦奏称:永定河从前散流于固安、霸州之野,泥留田间,而清水归淀,间有漫溢,不为大害。自筑堤束水以来,始有溃堤淤垫之患。"因此,在关于永定河筑堤的具体方案上清朝一直有着两派之争,比如乾隆朝时,以顾琮、孙嘉淦为代表的"复其故道""无堤无岸""不治而治"法和以鄂尔泰为代表的"建闸坝、开减河、导下口"法。但迫于安全计,基本还是以筑堤派占上风。

下游频繁的水灾又带来了地面淤高、土地沙化、湖沼湮废等一系列问题。据《清代海河滦河洪涝档案史料》《华北、东北地区五百年旱涝史料》等文献记载统计,自 1470 年至 1956 年近 500 年间,永定河决口改道造成永清、东安、安次等县大水达 56 次之多,平均八九年一次,迫使安次、东安等县城搬迁。永定河每泛必淤,笔者前往永定河下游各区县考察时发现:在永清,隋代的一口水井已经被埋在地面十米以下;在廊坊,明代万历年间竖起的高约三四米的刘体乾墓碑仅仅露出一个碑头;永定河故道岸边的土壤剖面,清晰地展示着一层砾石一层粗砂再一层细土这样叠加、重复了十几层的河流泛淤痕迹。走在曾经是河道的地方,一脚踩下仿佛脚底是厚厚的面粉,放眼望去映入眼帘的是漫漫黄沙。有关部门监测研究表明,永定河下游地区现有沙地面积约 2 000 平方公里,成为京津地区沙尘主要来源之一[28]。永定河下游全新世遗留下来的一些湖泊,如《水经注》《旧唐书》等古籍中记载的九十九淀，到清朝中后期已是"皆不可胪举，其散见于宋、辽、金史者，今或淤废，或传闻讹舛，所可指者，不过四十余……而统言之，则东、西两淀"㉙。就是这残存的两大淀泊，自康熙三十七年（1698）筑堤之后，永定河每泛滥一次就"淤东淀十之三"或"十之五六"㉚。以至于到二百多年后的今天，西淀尚能见到一点儿模样，就是著名的白洋淀及其附近淀泊群，而原本面积更大的东淀却早已无影无踪。

对历史上永定河治理之流域环境效应的反思

就整个永定河水系或流域而言，给中游带来"水利"的工程未必不是使下游遭受"水害"的诱因。清朝乾隆皇帝曾作过好几首以《过卢沟桥》为题的诗，表现了他对当时采取的治河策略的无奈。乾隆十五年（1750）诗云："过此为桑干，古以不治治。筑堤岂得已？皇祖为民计……束手苦乏策，无已示大意。"一方面赞颂康熙不得已而筑堤的功绩，另一方面又对筑堤后的新问题感到束手无策。其所言的新问题就是：修筑河堤之后，"知其每岁加高，河底淤填，如以墙束水"。乾隆二十年（1755）的《御制过卢沟桥诗》写道："堤长河亦随之长，行水墙上徒劳人。我欲弃地使让水，安得余地置彼民？或云地亦不必让，但弃堤防水自循。言之似易行不易，今古异宜难具论。"㉛诗中点明了筑堤后的两个关键问题——河患向下游延伸以及地上河（泥沙淤积）的形成。他指出，日益增加的人口与无法驯服的河水，都在争夺数量有限的土地，两种方略都无法兼顾治理河患与人民生存的矛盾，适用于古代的方法未必符合今天的情况，孰是孰非、如何行动都难以说清。在其后的各首诗中，也不乏"惭愧终无永逸方""作堤已逮骑墙势""无奈漾流筹下口，一劳永逸正难焉""惭乏安澜术，事神敢弗诚？"之类的语句，表达了治理永定河的困境。

纵观永定河的水利开发历史，可以发现永定河河性变迁的关键在于整个流域被过度开发。上游植被自辽代以来就遭受了被滥砍滥伐的命运，致使上游地区呈现水源短缺和植被稀少之态。中下游河道河水浑浊、含沙量大；而日益固定的堤岸彻底改变了永定河出山后摆动分流的自然风貌，使得河床淤高，进一步加大了决堤的危险和下游的泥沙沉积。同时，导致涵养京城水源的几条永定河故道出现水体萎缩、湖泊湮废、地下水位下降、水质恶化等问题，对流域内原有水环境也造成不可估量的破坏。形象地描述就是这样一副怪状：一方面，滔滔洪水涌来，不得不加高堤防；另一方面却是原有的河道日见干涸、沿岸水土退化，珍贵的河水被堤岸包裹着直接往下"赶"，把水灾与环境退化的危机继续延伸到下游。

永定河真正安澜永定，是在中华人民共和国建立以后，这一方面是得益于水利事业发展的巨大成就，另一方面也与整个流域范围内水源急剧减少有关。20世纪50年代至80年代，先后修建了官厅水库和卢沟桥分洪枢纽工程，从此远离了永定河水患，但是，也彻底改变了永定河的面貌。

从清泉河到浑河，从无定河到永定河，其中有多少是大自然的造化？又有多少是人类活动使然？母亲河曾经为城市的发展奉献了全部，而人类又给它回报了什么？这是非常值得深思的问题。

———————

① 《明英宗正统实录》卷二十，台湾"中央研究院"史语所影印本，1962年。

② (清) 于敏中等《日下旧闻考》卷九十三《郊坰西三·修卢沟河堤记》，北京古籍出版社，1983年。

③ 《明宪宗成化实录》卷二百三十六，台湾"中央研究院"史语所影印本，1962年。

④ (清) 于敏中等《日下旧闻考》卷九十三《郊坰西三·重修卢沟河堤记略》，北京古籍出版社，1983年。

⑤ 《清史稿》卷一百二十八《河渠志三》，中华书局，1977年。

⑥ 《清史稿》卷一百二十八《河渠志三》，中华书局，1977年。

⑦ (清) 陈琮《永定河志》卷十二《奏议三》、卷十三《奏议四》，上海古籍出版社，2002年。

⑧ (清) 李逢亨《永定河志》卷十五《奏议六》、卷十六《奏议七》，国家图书馆藏清嘉庆年间刻本。

⑨ (清) 光绪《畿辅通志》卷七十八《河渠略四·水道四》第10册第236页及同页摘引《畿辅安澜志》文，河北人民出版社，1989年。

⑩ (清) 陈琮《永定河志》卷十七《奏议八》，上海古籍出版社，

2002 年。

⑪（清）陈琮《永定河志》卷二《职官表》，上海古籍出版社，2002 年。

⑫（清）陈琮《永定河志》卷九《建置考》，上海古籍出版社，2002 年。

⑬（清）陈琮《永定河志》卷七《工程考三》，上海古籍出版社，2002 年。

⑭《宋史》卷二百六十四《宋琪传》，中华书局，1985 年。

⑮《元史》卷六十六《河渠志三》，中华书局，1976 年。

⑯陈开俊等译《马可·波罗游记》第 95—96 页，福建科学技术出版社，1981 年。

⑰永乐大典辑本《顺天府志·图经志书》第 272—273 页，北京大学出版社，1983 年。

⑱（清）吴长元《宸垣识略》卷十二《郊坰一·采育》，北京古籍出版社，1983 年。

⑲什刹海研究会等编《什刹海志》第二篇《水利漕运》第四章，北京出版社，2003 年。

⑳吴仲《通惠河志》卷上《通惠河考略》，齐鲁书社，1996 年。

㉑（清）于敏中等《日下旧闻考》卷八十五《国朝范围·寄园寄所寄》，北京古籍出版社，1983 年。

㉒（清）于敏中等《日下旧闻考》卷七十四《国朝范围》，北京古籍出版社，1983 年。

㉓孙承烈、宋力夫等《灞水及其变迁》，《环境变迁研究》

第一辑，海洋出版社，1984年。

㉔ 苏天钧《北京西郊白云观遗址》，《考古》1963年第3期。

㉕ （清）谈迁《北游录·纪闻上·甘水》，中华书局，1960年。

㉖ （清）吴长元《宸垣识略》卷五《内城一》、卷九《外城一》，北京古籍出版社，1983年。

㉗ 徐珂《清稗类钞·饮食类二·京师饮水》，中华书局，1986年。

㉘ 高尚武等《京津廊坊地区风沙污染及防治对策研究》，《环境科学》1984年5期。

㉙ （清）于敏中等《日下旧闻考》卷一百一十九《京畿·霸州一·御制淀神祠碑文》，北京古籍出版社，1983年。

㉚ （清）光绪《畿辅通志》卷七十八《河渠略·水道四》，河北人民出版社，1989年。

㉛ （清）于敏中等《日下旧闻考》卷九十三《郊坰西三》，北京古籍出版社，1983年。

文脉悠长——永定河文化

　　永定河既是一条蜿蜒奔腾的水脉又是一条五彩纷呈的文脉。永定河文化是对人类在永定河流域的地理环境中，利用各种自然资源和人文资源，世世代代所创造的、为历史传承而积淀下来的流域文化的统称。它体现在永定河流域人们生产、生活的方方面面，内容涉及山水、交通、聚落、军事、宗教、民俗、科技、文艺、园林、煤业等多个类别，在古都北京的文化脉系中居于母体文化的地位，深刻影响着北京地域文化的形成和发展。

永定河跨越了晋北高原与华北平原两大地理单元，沿途经过畜牧与农耕两类经济区域，河谷地带就成为南北民族交往、商贸往来的通道，各种文化于此交汇融合。唐代以前，中国的政治、文化中心在西安或洛阳，形成了辉煌的秦晋文化、河洛文化。其后的辽、金、元、明、清各朝相继建都北京，中国的文化中心也随之东移。永定河谷地正是"东移"的路径之一，它不仅为秦晋文化与燕赵文化的沟通、更为西北少数民族与中原汉民族的交流创造了有利条件，从而使新的文化中心得以落户北京。受其影响，永定河流域的文化具有历史悠久、内涵丰富、包容大气、底蕴深厚的特点，流域内的名山大川、聚落城堡、水利交通、宗教传统以及民间风俗等，无不映射着中华民族融合发展的历史进程。从中华文明的演进空间和发展脉络来看，永定河沿岸各区域因地缘相接、人缘相亲、商路相连、文脉相通，天然构成了一条特色鲜明、风景靓丽的大文化带。

水文化

水是河流的主体，也是流域文化的载体。围绕开发利用永定河的水源和水利而形成发展的水文化，构成了永定河文化的基础和主导，反映了人类在利用水源、水利过程中所创造的物质文明和精神财富。永定河水对于北京最重要的文化意义就在于它是北京的母亲河。这是人们对永定河的作用、地位及其文化属性的定位,是永定河文化的核心内涵。

永定河水哺育了北京城的成长壮大,这是北京城市发展史的基本事实。首先,永定河水出山后所形成的洪积冲积扇,为北京城的形成和发展提供了地域空间。其次,永定河上的古渡口与其所连接的南北陆路大道,是北京城原始聚落形成的决定性因素。卢沟古渡口以及金朝以来修建的卢沟桥,作为八百多年间南来北往、进出北京城的咽喉要道,留下了无数波澜壮阔的历史画卷。永定河的水曾经长期是北京人生活、生产的重要水源,塑造了北京城市水系的基本格局和城里城外各种园林苑囿的美丽景观。中上游地区曾经密布的森林,为北京城提供了丰富的建材和大量木柴木炭。永定河在滋养这些林木的同时,它还凭借着自身的运力,承担着这些建材和能源向京城的输送任务。金、元、明、清时期,永定河的一部分水曾经输入北运河,为北京的经济命脉——漕运发挥过重要作用。可以说,北京三千多年的建城史、八百余年的建都史,都与永定河的变迁息息相关。

永定河水文化的精神则体现在:一方面,永定河水厚德载物、传播文明,为文化的传承发展提供活水源头;另一方面,永定河水激流奋进、摧枯拉朽,向着未来锐意开拓创新。在这种精神的引导下,北京城的各个历史时期,都有人们为开发、利用永定河水而创造的水利工程和科学成果,有的保存至今,成为十分重要的文化遗产,列举如下。

金中都水关遗址和莲花池遗址:从蓟城初立,到战国燕都、唐幽州城、辽南京城、金中都城，都是由蓟城在同一地点发展起来的不同阶段的城市。它们的主要水源都是城西之大湖，又称西湖，即今莲花池的前身。据《水经注·㶟水》记载，它是永定河河床上的一个潴水湖，"东西二里，南北三里……渌水澄澹，川庭望远，亦为游瞩之胜所也"。湖水下泄而成的洗马沟（相当于今莲花池河），沿蓟城西南而流，曾是蓟城护城濠的一部分。金朝在此建中都城后，将洗马沟圈入城内，并引西湖水入皇城，使之流经皇城前天津桥（亦称龙津桥）下，又东南流出城外。沿河兴建了皇家园林——同乐园（又称西华潭）和鱼藻池（又名琼林苑）。该河之于金中都，犹如明清北京城内的金水河，具有极其重要的皇权象征意义。已发现的金中都水关遗址，就是这条"金水河"流出中都南城墙下的遗迹。由于西湖水系在北京都城史上具有特殊的标志性意义，如今北京市政府将古代西湖的遗存——莲花池加以修整保护，为后代留下了永定河曾作为金中都唯一水源的重要历史证据和文化印迹。

金口与金口河：金、元时期为保都城命脉大运河的通畅，永定河水曾作为引水济漕的首选。金世宗大定十二年(1172)，首次从石景山北麓金口（今石景山发电厂附近）挖开渠口引水，向东南经北辛安村南、古城北、田村南、老山北，又东经铁家坟北、篱笆店南、定慧寺南，东至今玉渊潭、木樨地东南入金中都北护城濠，是为金口河。它下接金代闸河河道，东至通州。由于未能处理好泥沙和河道落差问题，渠成后引来了永定河的洪水之患，最后不得不将金口堵塞。及至元初，在郭守敬主持下，采取了在金口之上另开深广的减水河以防患于未然的工程措施，使得金口河从至元三年（1266）到大德五年（1301）成功利用了35年，为元代兴修大都城运输山石、木料等大量建筑材料发挥了重要作用。元末重开金口河，但因政治腐败、国力衰退和缺乏科学规划而再次归于失败。正是这一成两败，为后世开渠导引永定河水提供了极其宝贵的经验和教训，在北京水利史上留下了可圈可点的一页。

戾陵堰和车箱渠：戾陵堰与车箱渠是北京历史上第一个大规模引永定河水灌溉土地的水利工程，是三国时期魏国的镇北将军刘靖创修的。该工程后来几经重修，其效益历曹魏至西晋，持续数十年之久。所引永定河（时称㶟水）水灌溉了蓟城南北广阔的土地，"凡所润含四五百里，所灌田万有余顷"①。北朝时，幽州刺史斛律羡利用车箱渠故道，将永定河水先向东再向北引，与易京水（即温榆河）合，东注潞水（白河），开发漕运，使车箱渠的灌溉功能进一步扩大。此外，永定河出山口一带是引水灌溉效益最佳的地段之一，这里还有很多古人兴修的中小型水利工程的遗迹，现大都保留在门头沟及石景山区境内，比如兴隆沟坝、公议沟、城龙灌渠等。

人们在同永定河水害作斗争的过程中，既产生了诸如敬畏、崇拜龙王或河神的民间信仰，从而留下了三家店龙王庙、卢沟河神庙（又名南惠济庙或龙神庙）等文化遗迹，也发挥了"人定胜天"的无畏精神，创造了一个个抵御灾害的历史奇迹，留下了丰富的治水经验和教训。

永定河大堤：永定河的筑堤防洪，一直是永定河流域历史上的一件大事，也是我国治水史上的一项重大成就。永定河大规模筑堤始于金代，在清代走向高峰。康熙三十七年（1698），康熙皇帝亲自巡视永定河，命直隶巡抚于成龙负责在两岸修筑了长达一百八十余里的新堤以根治水患，并从此改名为"永定河"。此后各朝历代也多有建树，留下了清代水志（即水尺，位于卢沟桥北东堤300米堤根内）、古长条石堤（位于卢沟桥分洪闸北东堤500米堤墙中部）、金门闸、冯公堤、求贤坝等珍贵的堤坝遗迹。宏伟的永定河大堤曾经给两岸人民提供了安全保障，也带来了一系列生态环境和地理环境的改变。有关永定河筑堤的理论、思想、工程技术、管理制度及其经验和教训，本身就是一笔丰厚的文化财富，至今仍在发挥着重要的影响。

卢沟桥：卢沟桥位于太行山东麓今丰台区长辛店镇永定河畔，曾是永定河的著名渡口，发挥着沟通南北、出入京城的咽喉作用。该桥始建于金大定二十九年（1189），明昌三年（1192）三月竣工，本名"广利桥"，因所跨的河流名"卢沟"而得此名。明正统九年（1444）、清康熙三十七年（1698）等年份都进行过大规模修复。该桥历经八百多年，其形制、桥基、桥身部分构件和石雕仍为金代原物且基本完好，桥身承载能力巨大而沉陷度极小，直到1985年才废止其交通运输功能。历史上无数的文人墨客、商旅行贾、达官贵人自这里匆匆走过，为它留下了浩若烟海的诗词歌赋，形成了卢沟桥诗词的文化景观。得名于金朝的"燕京八景"之中，"卢沟晓月"也是最为人们所熟悉和称道的一景。元代，意大利旅行家马可·波罗盛赞卢沟桥"是世界上无与伦比的大石桥",造桥技术高超绝伦,因而被欧洲人称为"马可·波罗桥"。总之,它是我国古代桥梁建筑史上的杰作和北京历史文化遗产的经典代表。1937年,"七七事变"发生在这里,又使它成为中华儿女奋进抗争之民族精神的象征。

名山文化

永定河水滋润万物,塑造了沿岸众多秀美的山川,也哺育了其独特、灿烂的名山文化。所谓名山文化,是指永定河流域一些著名的山脉及其相关历史文化,包括与名山有关的文物古迹、诗词文章、帝王活动、宗教民俗、历史传说、民间故事等。

永定河流域拥有很多富含人文底蕴的名山,大部分集中在中上游地区,尤其是在延庆—怀来—涿鹿盆地和永定河大峡谷地段。现将历史上最负盛名的几处名山摘要介绍如下,以展示其极具魅力的历史文化风貌。

大西山:人称"神京右臂""神皋奥区",有"小清凉"之誉。它是太行山北端余脉,蜿蜒起伏,层峦叠嶂,如龙腾虎跃,气势磅礴,又如绿色屏障,拱卫京师。山中林木苍翠,溪流淙淙,水清木华,风景奇佳。历史上,各种神庙道观、寺院庵堂数以千计,遍布层林,香火不绝。历朝历代游人、香客如织如缕,赞美诗篇不绝于书。如明代王世贞有《登西山》诗"乱削芙蓉碧霭攒，千盘转尽自成寒。清秋殿阁空中见，落日旌旗树杪看。北眺浮云生大卤，东回紫气抱长安。向来弓剑曾游地，万壑松风度急湍"；郏佐卿《西山道中》诗"渐与市城远，行随落日西。烟霞供把笔，苍翠入扶藜。山叶同鸥泛，溪声送马蹄。翛然会心处，步步使人迷"②。自然风光和人文底蕴交织，文化气象蔚为壮观，上千年的历史积淀，使之成为京西大范围意义上的风景名胜区的总括。

在大西山的层峦叠嶂中，又有很多著名的山丘。

石景山：又名石经山、石径山，历史上被称为"燕都第一仙山"，位于今石景山区永定河畔。开发于唐初，明代太监多次捐钱在山上兴建碧霞元君庙，"穷极壮丽，都人岁以元日往祠，至四月士女又群集"③，香火极盛。山上还有石经台、普观洞、普安洞、还源洞、孔雀洞、舍利宝塔等诸多名胜。明武宗正德皇帝和神宗万历皇帝都曾登临此山。山北垭口曾有金代开凿的金口和设置的金口铜闸；山南庞村之西，曾有清雍正年间修建的北惠济庙，用以祭祀永定河神，庙前石碑有雍正御制《北惠济庙碑文》。

马鞍山：俗称戒坛山，在门头沟区东南隅与房山区交界处。山虽不高，名气很大。之所以出名，是因为：一有戒台寺，二有名松。戒台寺的古松大多历经百年以上，有如虬龙卧地，有如九龙合抱，有松枝抱塔，有牵一枝而动全身。清人赵怀玉《戒台看松遂登千佛阁》云："潭柘以泉胜，戒台以松名。遥看积翠影，已觉闻涛声。入门各旧识，俯仰如相迎。一树具一态，巧与造物争。"④乾隆皇帝有《御制戏题活动松诗》："老干棱棱挺百尺，缘何枝摇本身随？咄哉谁为挈其领，牵动万丝困一丝？"⑤其三，有庞涓洞、孙膑洞。庞、孙二人都是鬼谷子的高徒，战国时著名军事家。庞涓为魏国将，孙膑则事齐，最终庞涓败于孙膑而自刎。其四，马鞍山东麓有大灰厂，自古是采石、烧石灰的地方。元、明、清时，北京城建筑所用石灰，多取于此地。

与马鞍山相邻的是宝珠峰，也就是潭柘山，更以山上有潭柘寺而名扬古今。

妙峰山： 在京西七十里，"峰峦拱秀，中有平顶，如莲花心。旁有五峰，曰独秀、翠微、紫盖、妙高、紫微"⑥。金章宗曾游历此地，并有诗赞曰："金色界中兜率景，碧莲花里梵王宫。鹤

妙峰山金顶（吴文涛摄）

惊清露三更月，虎啸疏林万壑风。"⑦妙峰山不仅以山景取胜，而且以庙宇扬名。其中最著名的是栖隐寺，明朝刘定之的《重修仰山栖隐寺碑记》记载着其"焕然辉耀"的历史。山上还有碧霞元君庙（娘娘庙），自清末至民国年间，庙会极盛。《燕京岁时记》称："奇观哉！……人烟辐辏，车马喧阗，夜间灯火之繁，灿如列宿。以各路之人计之，共约有数十万。以金钱计之，亦约有数十万。香火之盛，实可甲于天下矣。"⑧妙峰山庙会被称为中国民俗文化之大集，因庙会兴起的各种民俗活动及其传统，是妙峰山历史文化中的精粹。顾颉刚和奉宽等人围绕妙峰山庙会现象所做的学术研究，更使该山成为中国民俗学的发祥地。

百花山：因其风光秀美、植被繁茂，如今已是京西著名的旅游胜地。但在认识到其旅游价值的同时，还要看到它的历史人文价值。百花山的山顶上有许多庙宇，因而其庙会在历史上也是十分兴盛的。山顶西部曾有护国显光禅寺，寺内碑志7方，多记载朝山进香之事，因为清代京城内外来此朝山进香者颇众。庙会于每年五月十八举行，周围的黄塔、塔河、黄安以及上、下清水等村许多的民间花会会档，如中幡、吵子、大鼓、秧歌等伴随庙会进行活动，其规模仅次于妙峰山。此外，历史上的文人墨客为百花山留下的笔墨文章也是一笔珍贵的文化资源。例如，在清康熙《宛平县志》中有一篇《百花山游记》，其中既有对百花山山形石态、树木花草的描写，也有对其人文宗教、寺庙古迹的记述，还辑录了一些相关神话故事。其他文献或文人笔墨对它的描绘也有不少。应该说，它也是一座历史人文与自然风光共同造就的名山。

灵山：位于门头沟区西北部，西与河北省怀来县交界。古称矾山，怀来县古称矾山县，即以此山命名。《怀来县志》把"矾山霁雪"列为该县八景之一。灵山海拔 2 303 米，是北京境内第一高峰。由于海拔原因，灵山在方圆 25 平方公里内形成北京地区集断层山、褶皱山为一体，奇峰峻峭、花卉无垠的自然风景区。这里既有暖温带植被，又有西伯利亚寒冷地带亲缘植被。其中 1 900 米以上的高山草甸最为出名，它是新疆细毛羊、伊利马、青藏牦牛在北京生活的唯一天然繁殖养殖场。其顶巅还有古长城遗址，石砌城墙、烽火台依稀可辨；北麓有一佛坑，埋藏石佛像 4 尊；南麓有花岗岩雕造方形石塔，是唐代风格。岩间有菩萨洞，供奉佛像。峡谷中，有一长达数里、宽数十米的地段，如光滑大石横卧于沟谷，是少见的泥石流遗留景象。

大翮山、小翮山：位于延庆西北，有着秦始皇时将篆字改创为隶书的书法家王次仲的传说故事：传说，由于王次仲创造了一种便于书写的文字——八分书，秦始皇很想召见他，但王次仲却是三召不至。秦始皇于是派人将其押往咸阳，在途经海坨山时，王次仲变成一只大鸟飞出槛车，羽毛（翮）落在海坨山附近。后人为了纪念他，将其中两座山命名为大翮山和小翮山。

松山：位于延庆西北张山营乡，现为北京市唯一的国家级自然保护区，面积为 4 660 公顷，自然风景以佛峪口水库、西沟、塘子沟、八仙洞、松树梁、海坨山六个区域为主，其中既有云松观湖、松月印潭、松海云涛、金蟾望月等自然景观，也有七眼洞、王次仲庙、玉皇庙（即八仙洞）等人文景观。特别值得关注的是，幽静的峡谷中，有一处古人在陡峭的山崖上修凿的居室——古崖居。这是我国目前发现的规模最大的崖居遗址，为今人留下了人类利用自然条件、改造自然景观的未解之谜。

缙山：亦名缙阳山、龙安山，在延庆东北、妫水河上游。《大明一统志》记载："缙阳山在永宁县北一十三里，又名龙安山。"⑨《大清一统志》记载："缙阳山在延庆州东，下有缙阳泉，一名缙云山，又名龙安山。"⑩相传黄帝又号缙云氏，此山是否与黄帝有关，是一个很值得研究的问题。辽、金、元时，皆于该山的西南麓置缙山县，属儒州，后因元仁宗诞生于县内香水园，遂升县为州，称龙庆州。今延庆东北有旧县村，即缙山县故址。

阪山：位于延庆西北部张山营镇，山脚下有泉名阪泉，并有上阪泉和下阪泉两村。《大明一统志》记载："在（隆庆）州境内，轩辕与炎帝战于阪泉野，即此。"⑪又《方舆纪要》载"阪泉山在延庆州西，相传轩辕与炎帝战于阪泉之野，即此山也。亦曰阪山"⑫。《太平寰宇记》、乾隆《延庆州志》等多部史籍和北京地方史志、延庆县志中，也都有同类记载。因此，有学者判断，延庆的阪山、阪泉，就是中华民族始祖炎黄二帝阪泉之战的遗址。此外，黄帝轩辕氏又号缙云氏，而延庆古有缙云山（现称缙山）似乎也可佐证这一判断。距此不远的河北涿鹿县也有阪泉，其周围也有很多炎黄二帝的传说遗迹和地名留存，故而也一直被认为是阪泉之战的遗址。虽然这些争议尚无定论，但阪山之名与炎黄二帝在附近一带的活动密切相关，这是毫无疑问的。

上述名山都是位于北京段永定河岸的，因与北京关系密切，故重点予以关注。其实，在永定河上游还有一些赫赫有名的历史文化名山，它们在中华民族的发展史上同样有着浓墨重彩的一笔，是永定河文化的重要部分。比如：在永定河的怀来—涿鹿这个小盆地里，有与黄帝、炎帝、尧、舜有关的山——涿鹿山、桥山、历山（釜山）等，这种现象恰好说明，上古时期黄帝、炎帝、蚩尤、尧、舜等华夏始祖的确在这一带有过广泛的活动，因而从一个侧面说明了永定河上游是中华民族的发源地之一。这一点对于永定河流域文化的定位具有极为重要的意义。

再往上游走，还有著名的历史战场——野狐岭，佛教名山——五台山、北岳恒山以及大同西部的武周山。武周山最著名的就是其北崖山壁上的云冈石窟，它被称为中国三大石窟群之一，是永定河流域的一颗文化明珠。

总之，在永定河流域的中上游地区，像上述这些既有自然风光又有历史人文背景的文化名山非常多，这反映了永定河文化对于北京历史文化的构成乃至中华民族文化的构成具有极其重要的影响。这些历史悠久的名山大川，是我国几千年灿烂文明和美好河山的集中体现，因而是极具开发利用价值的宝贵历史文化资源。山有魂、水有灵，这恰是永定河文化魅力的最主要体现。

交通文化

　　永定河流域跨越高原与平原、游牧和农耕两大地理单元和文化单元，对流域内的古代交通文化产生了重要影响。出于不同民族、不同经济带和不同文化区域之间人员往来、商贸交往与文化交流的需求，一些穿越山间谷地的交通路线很早就被开辟出来，著名的如居庸关大道、雁门关大道、飞狐口大道、矾山堡大道、黑峪口大道、洗马林大道、膳房堡大道等，都是自古以来长城以北地区进出中原的交通要道。

　　不同历史时期的御道也都有通过永定河流域的。秦始皇统一六国后，大修驰道："为驰道于天下，东穷燕、齐，南极吴、楚，江湖之上，濒海之观，毕至。道广五十步，三丈而树，厚筑其外，隐以金椎（铁桩），树以青松。"[13] 驰道是秦始皇巡行各地时行驶马车的大道，相当于现代的国家级高速公路。东达燕、齐，南极吴、楚，凡江河湖海，都能通达。道路宽阔平直，路基厚实坚固，路旁青松护卫。这在我国交通发展史上具有里程碑式的意义。秦始皇三十二年（前215），秦始皇东巡碣石（今河北昌黎县北），后又巡视北边，最后由上郡（治所在肤施，今陕北榆林南）返回国都咸阳。毫无疑问，他是先经由太行山东麓驰道到蓟城，再经燕山南麓驰道到达碣石，然后返回蓟城，再循西北驰道出居庸关，经上谷郡（治所在官厅水库以南大古城村）、代郡（治所即今蔚县东代王城）、雁门郡（治所在善无，故址在今山西偏关）等，然后过黄河回到咸阳。秦始皇的这次东巡、北巡路线反映了永定河上游流域的驰道状况。此后，汉高祖征伐燕王臧荼，光武帝北巡蓟城，曹操北征乌桓，隋炀帝和唐太宗用兵辽东，也都经行过这条秦代驰道或其部分路段。隋唐时期还在其基础上加以修缮、改造成为"御道"。

元朝皇帝经常往返于大都与上都之间。大都即今北京，上都在滦河上游的开平府。每年春季，元帝便率后妃及百官到上都过夏避暑，秋天再回到大都过冬御寒。因此，元代大都与上都之间

元大都—元上都间的交通略图

的交通十分重要。它主要分为东、西两路：东路进出古北口，西路进出居庸关，而西路居庸关一线必须穿行永定河流域内。从大都城出居庸关后，路又分两道：一道东北行，经缙山县（今旧县）、黑峪口、白河堡、龙门所，东出长城，顺黑河上游河谷西北行，达滦河源地，再北趋上都。这条路在元代称为"辇路"，又以所经之地俗称"缙山道""色泽岭道""黑峪道"等，常常遣官发兵修治，在《元史》中多有记载。另一道西行，经榆林堡、怀来（旧城）、狼山、土木，至土木又分二途：一途北行，经洪站、雕鹗堡、赤城、云州堡，出独石口，北趋上都，被称为驿路，即驿传经行之路；另一途由土木继续西行，经沙城、雷家站（今新保安）、鸡鸣驿、下花园、宣化、沙岭，出张家口，越野狐岭，转东北行至上都，被称为御路，即元代皇帝经常走的一条路。御路、驿路、辇路在居庸关外分支，入居庸关后合一，统为元代大都与上都间往来经行的西道，是永定河流域著名的古道。

　　明代时，这些古道的功能与地位更为重要，它们通往宣化、大同、独石口等边防卫所，直接维系着明京师北京的安危。

　　除了这些国家级的"御路"干道，永定河流域的山间小路也是密如蛛网，功能繁多。比如在北京门头沟区，既有北京通往西山腹地的交通要道，也有联系险关要塞、边城重镇的军用山道；既有外运煤炭、山货的商旅之道，也有四面八方到妙峰山进香赶会的香道。由于保存较好，这些古道保留了很多历史的记忆和古朴风貌：有的沿河岸蜿蜒曲折，有的越山岭盘旋上下，有的穿峡谷望天一线，有的傍悬崖俯视深涧。古道上光滑的路石、深陷的蹄窝以及荒草蔓菁、残碑断桥，都叙述着它的悠久历史和沧桑之变。门头沟区的山间古道是永定河上游流域开发历史的见证，具有典型的交通文化意义。

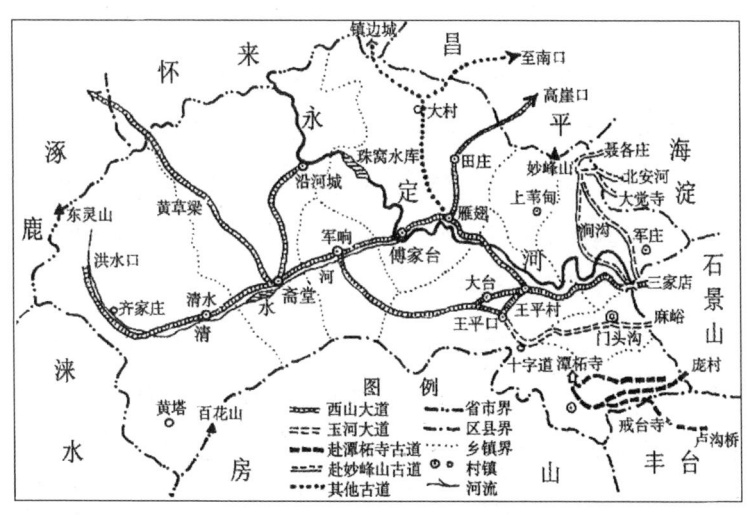

门头沟区古道图

古都、古城、古村落文化

作为我国文明发源地之一，永定河流域拥有一批著名的古都、古城、古村落，类型十分丰富而且典型，构成了永定河文化中极具特色的内容。

永定河水孕育出的古都，除了北京这个中国第一大古都之外，还有一个第九大古都——大同。大同始名平邑、平城，"东连上谷（今河北北部），南达并恒（今山西中南部），西界黄河，北控沙漠，居边隅之要塞，为京师之藩屏"（顾祖禹《读史方舆纪要》），自秦汉以来就是军事重镇。396 年，大同成为入主中原的鲜卑族政权——北魏的首都，历时 97 年；辽、金时期称为西京，先后是契丹和蒙古政权的重要陪都；明朝时作为九边重镇之首，被称"北方锁钥"，是与长城沿线卫所、堡城、关隘等共同构成的严密军事防御体系的中心。因为北方民族和中原民族长期在此拉锯、争夺，大同城不仅有着严整的城堡格局，同时也成为民族交往和文化融合之都。农耕文化和游牧文化在此碰撞、交融，留下了大量丰富而独特的文化印记，它们见证了中华民族融合发展的历程。

除了这两大古都，还有一个传说时代的黄帝之都——涿鹿（今涿鹿东南四十里之古城）、西周末年北狄人所建立的代国的王都——代王城（今蔚县东之代王城），以及后来元朝时一度建立的元中都（即旺兀察都，在今河北张北县西北）。这些都城，上溯华夏始祖黄帝之都，下及当代共和国首都，贯通了中华五千年文明发展史；既有首都，又有陪都；既有割据政权之都，又有大一统王朝之都；既有中原汉王朝之都，又有北方游牧民族之都，数量众多，类型齐全，构成了一个区域性的古都群落。它们相继在永定河流域出现，表明永定河流域的开发与中华五千年文明史同步，永定河在中华多民族融合进程中具有纽带作用。同时，也直观地反映了中国都城变迁的历史轨迹和首都北京的成长历程。这是永定河流域文化中最为突出的亮点和价值所在。

除上述古都外，永定河流域还有许多不同时代作为郡、州、府、县治所的古城，这反映出永定河流域行政建置的历史十分悠久。据《汉书·地理志》记载，这里自秦汉以来就分属雁门、代郡、上谷、广阳、渤海等郡国治理。雁门郡领14县，其中有11县在永定河流域；代郡领18县，其中有16县在永定河流域；上谷郡领15县，亦有13县在永定河流域；广阳国领4县，全在永定河流域。此外，渔阳郡之潞、雍奴、泉州，涿郡之阳乡、临乡、益昌，渤海郡之安次等，也在永定河下游流域。仅西汉一代，永定河流域即有50多个郡、县的城邑。后世置建的古城也很多，如永定河中上游流域的清宣化府境内（相当于今张家口地区长城以内地域），据《嘉庆重修一统志》记载，就有代县故城、永兴故城、矾山故城、宣德废县城、阳门废县城、宣平废县城、灵仙废县城、定安废县城、缙山废县城、龙门旧县城、怀安旧县城、永宁旧县城、顺圣旧县城、清夷军城（可汗州城）、零丁城、宁武城、六郎城、代东城、沙城、九王城、冈城、隆镇卫城、药师城、平原城、无乡城、蚩尤城、雍洛城、万全右卫城、故蔚州卫城、故延庆卫城、狼山府城等等。这些所谓废城、旧县，有的曾为州县治所，有的则是元、明军卫驻地或屯军的营垒。它们曾经作为重要的行政建置，其遗址或地名的存在展现了区域历史发展的脉络，起到了时空标志的作用。

出于战争防御的需要，在永定河中上游地区遍布大大小小的古城堡，如新平堡、得胜堡、开阳堡、榆林堡、土木堡、鸡鸣驿堡、双营、柳沟营、岔道城、沿河城、斋堂城、柴沟堡等。它们都有高大厚实的土筑墙垣，有的还甃以砖石，坚固、方正，自成一体。这种城堡形态的古村落在永定河流域普遍存在，显示出民族交错地带的聚落特征。许多古城堡至今仍见残垣断壁、沧桑印痕,仿佛历史的定格或缩影。

　　永定河流域还有不少从人类早期聚落一直延续发展下来的古村落,作为区域历史发展的印记,具有不可忽视的文化意义。相比于历史发展中相对后起的城市文化,村落文化更能体现人类的初始特征,更接近于整个人类文化的本原。尤其是永定河中上游山区的一些村落,有的由于地处偏僻,没有受到过多破坏或改造,保留了较多历史风貌,包括古老的街道肌理、建筑格局和完整的民居院落;有的因经济和人口发展比较稳定,历史传承性较好,保留了一些传统的民风民俗、民间文艺、传统工艺等非物质文化遗产。目前,被列入第一批中国传统村落名录的:北京市有9个,

门头沟爨底下村

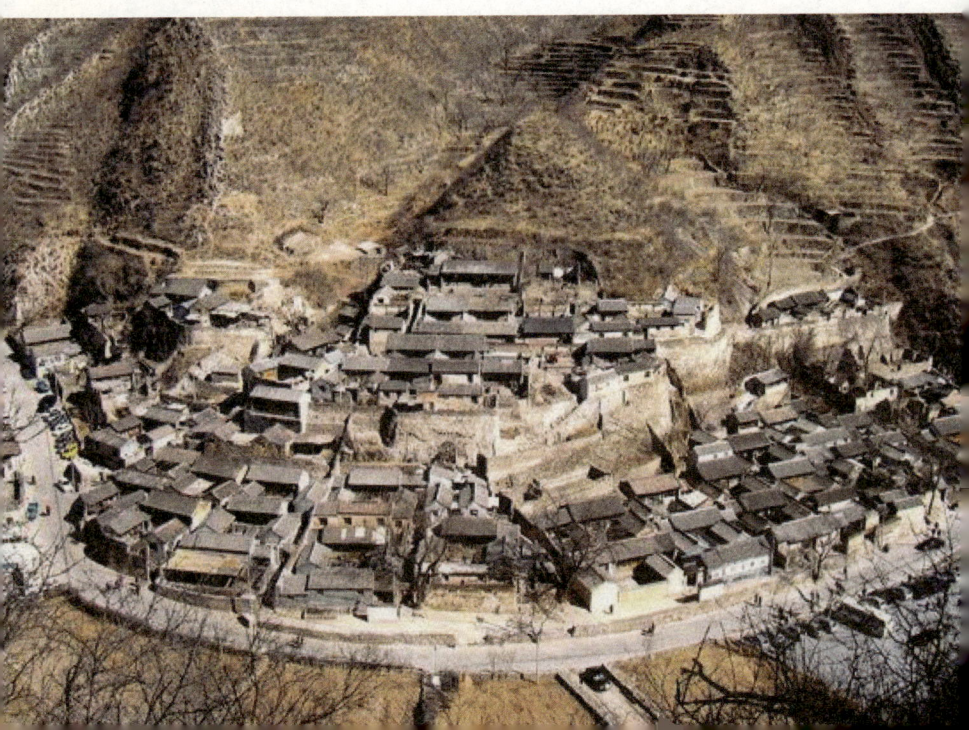

其中门头沟占6个，即斋堂镇爨底下、灵水、三家店、琉璃渠、黄岭西村、雁翅镇苇子水村，还有房山区南窖乡水峪村、延庆区八达岭镇岔道村，几乎全部分布在永定河流域；河北32个，其中张家口市7个，即怀来县鸡鸣驿乡鸡鸣驿村、蔚县南留庄镇南留庄村、涌泉庄乡北方城村、暖泉镇北官堡村、暖泉镇西古堡村、宋家庄镇上苏庄村、阳原县浮图讲乡开阳村，全部分布在永定河流域；山西省48个，其中大同地区有2个，即天镇县新平堡镇新平堡村和灵丘县红石塄乡觉山村。列入第二批中国传统村落名录的：北京市有4个，门头沟区占2个，即大台街道千军台村、斋堂镇马兰村；河北省7个，张家口市有2个，即蔚县南留庄镇水东堡、南留庄镇水西堡；山西省22个，其中有忻州市宁武县涔山乡的小石门村，这是永定河流域的发源地。列入第三批中国传统村落名录的：北京市有3个，其中门头沟区就占2个，即雁翅镇碣石村和斋堂镇沿河城村；河北省18个，张家口市占7个，而其中蔚县南留庄镇白后堡村和曹疃村就位于永定河流域；山西省59个，其中有3个与永定河流域息息相关，即大同新荣区堡子湾乡得胜堡村、浑源县永安镇神溪村以及朔州市山阴县张家庄乡旧广武村。还有一些是列入了各省市的古村落保护名录。它们都保留了丰富的历史文化信息，具有深厚的历史文化价值。

永定河流域古城堡、古村落的形成发展，与北京这一古老都城的发展历程密不可分，与其首都的地位和城市生活的特殊性息息相关。它们所展示的，是既富有地域特色而又与古都文化相关的另一种文化形态，是正在日益消逝的传统文化习俗和乡村生活形态的活化石。在永定河流域（包括河北、山西等地），像这样极具历史文化的可见性、对比性和延续性的古村落还有很多，这是一笔珍贵而丰厚的历史文化资源。

军事文化

　　永定河流域是不同民族和文化接触、碰撞的过渡带，因而历史上也是战争频仍的军事争夺要地。无数的战争曾发生在这里，留下了众多可歌可泣的历史故事和悲壮诗篇。其中，既有实现中华民族第一次大统一的"炎黄阪泉之战"，也有为中华人民共和国诞生而奠基的解放战争三大战役之一的"平津战役"；既有各民族自立为王的逐鹿中原，也有藩镇割据、军阀混战时期的狼烟四起；既有体现贤臣忠诚智慧的汉高祖白登山之战，也有反映奸臣乱政导致皇帝被俘的明英宗"土木之变"；既有改朝换代之际新政权对旧势力的清剿，也有民族危亡时刻被压迫民族对侵略者的抗争。可以说，历史上发生在永定河流域的战争，覆盖了整部中华民族的斗争史，具有极其丰富而深厚的军事文化内涵。

　　无数的战争也留下了长城、要塞、堡垒等众多军事设施。长城从秦汉时的土垒边墙到最终成为烽燧相望、敌台林立、城墙绵亘、堡垒纵深的巨大防御体系，是两千多年历代王朝为维护民族利益进行防御或抗争的智慧积淀。其目的虽以军事防御为主，但也在客观上成为南北民族间文化、经济交流的纽带。

今永定河上游及北京周边地区可见的长城及其附属城堡多是明代遗留下来的，北京门头沟区和延庆区内就有很多这样的代表。如门头沟区的沿河城、斋堂城，它们互为犄角，构成呼应互援之势，现基本轮廓都保留尚好。延庆区的八达岭长城已是扬名中外的文化名胜。其城堡文化则内容更加丰富，功能更加多样。不仅是兵营，还有邮政通信作用，称为驿站。有的城堡内还设有"暖铺"，类似于今天的邮局，兼有巡逻和住宿的功能。嘉靖十六年（1537）以后，相继修筑的城堡竟有130多座，遍布延庆各地。这些城堡的名称沿袭至今，或为村名，或为镇名。有的城堡内开有集市，以及完善的商业设施；有的还有私塾、寺庙、戏楼等公共文化场所。遗存较好的有永宁、双营、柳沟、岔道城、榆林堡等。

至于永定河上游的张家口、蔚县、大同等地，雄伟的长城遗迹更为多见，古朴风貌也保留得更多。如张家口地区被誉为历代长城的博物馆，不仅因为这里是历代修筑长城的重地，更是因为历代长城的遗迹在这里都能找到。战国时的赵长城与燕长城、秦长城、汉长城及北魏长城等，在蔚县和涿鹿一带至今仍可看到断断续续、土石混杂的土埂以及烽燧遗存。至于明代所修的宣镇长城、土木堡、鸡鸣驿等的遗迹更是有规模、成体系。大同市境内的得胜堡、镇羌堡、平远堡、镇门堡、镇边堡、镇川堡及其相连的长城"大边""二边"与"三边"等，如今也构成了一座庞大的长城文化博物馆，既提供了古代军事建筑的样本，更展现了军旅文化、边塞文化的丰厚内容以及民族融合的历史进程。

永定河流域的长城文化可谓"上下两千年,纵横几万里"。长城作为一道军事防线,它不仅经历了刀光剑影与炮火连天的王朝更替,也见证了长城内外农耕文化与游牧文化的相互交融和民族之间的友好往来,更代表着中华民族不屈不挠、奋勇抗争、屹立不倒的精神,因而被视为中华文化的象征。

宗教和民俗文化

兼收并蓄、异彩纷呈的宗教文化

在永定河流域,宗教文化遗存具有数量多、种类全、名气大、年代久、保存好等特点。大同市境内有举世闻名的伟大艺术宝库北魏云冈石窟、辽代佛教华严宗的圣地华严寺;浑源县有被徐霞客誉为天下奇观的悬空寺、元代壁画杰作永安寺等。北京的门头沟区犹如这条宗教文化带上的一颗明珠,据不完全统计,境内有寺庙 375 座,时间跨度自汉唐至明清绵延两千多年,如汉代始建的瑞云寺、灵泉寺,晋代的潭柘寺,隋唐至辽金的戒台寺、灵岩寺、灵岳寺、大云寺、白瀑寺等,元明清以后的则不可胜数;种类上不仅覆盖释、道、儒、俗,还包括来自西域的天主教、基督教、伊斯兰教;从等级、功能上看,上及皇家寺院,下至与百姓日常生活紧密相关的山神、土地、龙王、马王、虫王、树王、苗王庙等无所不及。此外,还有独具地方特点的永定河河神庙、采煤者供奉的窑神庙等。如此悠久、繁多、迥异的宗教文化实体，反映了永定河流域文化的多样性和发展的持续性。

古朴大气、淳厚浓郁的民间文艺和民俗文化

永定河流域的民间文艺和民俗文化既具流域共性又有各地特色，呈现出多种形式时空交织、相互辉映的状态。花会、幡会、秧歌、锣鼓、社火等，本是中原农耕民族为庆祝丰收或春节、元宵等举行的节庆活动，在永定河全流域同样盛行，但融入了很多北方草原民族热烈、奔放、雄浑、大气的风格。比如，上游地区的梆子戏、秧歌戏、北派皮影戏、蹦蹦戏等曲调高亢苍凉，内容和形式都有游牧民族生活的印记。同样是社火，河北蔚县的打树花、拜灯山，涿鹿的绕花，门头沟的台火等，各地呈现火树银花的方式不同，但都反映了人们对火的礼赞，既有草原民族以火驱兽习俗的保留，也有流域内采煤、冶矿业发达的体现。由于地理环境相对封闭，永定河流域的民间戏曲大都流传久远。门头沟古幡乐保留了明代祭祀孔子用的礼乐，柏峪的秧歌戏被称为古代音乐的"活化石"，京西太平鼓、浑源扇鼓和云胜锣鼓等民间鼓乐舞，包含了远古时期北方民族粗犷豪放、爽朗大气的性格特征。永定河流域的民间艺术与民俗文化既有历史的沉积和延续，又呈现出不同历史时期各民族文化元素流布和途经的影响与痕迹，这正是永定河这个文化走廊所具有的独特气象。

煤业文化

史前及至中古时期，永定河的中上游流域曾经森林茂密，有着丰富的木材和煤炭资源。据郦道元的《水经注》卷十三《㶟水》记载，最迟在北魏时期，永定河上游的煤炭资源已经为人们所开发利用。另据考古发现，门头沟龙泉务辽代瓷窑遗址中已有烧煤的遗迹，表明永定河中游地区北京西山一带煤炭的开采最晚是在辽代。

元朝初年，煤的开采和使用已经非常普遍。元代的《析津志》记载："（大都）城中内外经纪之人，每至九月间买牛装车，往西山窑头载取煤炭，往来于北新安及城下货卖，咸以驴马负荆筐入市。盖趁其时冬月，则冰坚水涸，车牛直抵窑前，及春则冰解，浑河水泛则难行矣。往年官设抽税，日发煤数百，往来如织。"[14] 由于煤炭已经成为一项重要的能源，元朝专门在大都（今北京）设置了煤木所和西山煤窑场，负责生产宫廷贵族日常生活所需煤炭，以及征收煤炭税。元朝的煤炭税，除大都外还在大同征收，其中在大都征收的税额占到了 95%[15]，可见当时北京地区煤炭交易之活跃。明代，不论是煤炭还是柴炭，其需求量都远远超过了元代。明朝政府不再征收煤炭和柴炭的税额，而是直接向民众征收煤炭和柴炭等实物。

到了清代，京西的煤炭业更加受到人们的关注。随着中国近代机器工业的兴起，人们对煤炭的需求量猛增，于是出现了许多新兴煤矿和煤炭运输专用铁路。光绪年间陆续修成的京汉铁路琉璃河至周口店支线、良乡至坨里支线、京张铁路的京门支线，都是为了便于从京西往外运煤而特别修筑的。门头沟、房山坨里和周口店等地成为京西煤的主要产地。至于上游河北张家口、山西大同一带，采煤业更是当地的支柱产业，大同被称为中国的"煤都"。

在千百年的采煤历史中，采煤工及其相关行业圈里逐渐形成了一整套具有独特行业特征的文化传统和习俗，主要包括：祭祀窑神、行业性的九龙山庙会活动、矿（窑）工及其家属的行规、行话、民谚和禁忌等，并长期以来影响、渗透到今门头沟、房山、丰台、石景山等矿区人们的生活之中，构成了当地独具特色的地域文化。

窑神与窑神庙：各行业都有主管神灵或称"祖师爷"，一般为行业的创立者或发明人以及对这一行业有过重大贡献之人，后人将其神化，塑造成神像，作为行业之神顶礼膜拜。永定河流域的产煤区就流行他们的"窑神爷"崇拜。如在北京的门头沟，公认的煤窑神是"魏老爷"，他本是一名行侠仗义的普通窑工，后来得道成仙，被奉为煤矿的保护神，当地还流传着"魏老爷倒提钱串——一路散钱"的民谣。而在相邻的房山区，所供奉的窑神爷叫崔义，传说他也是一位身强力壮、经验丰富的窑工，由于多次扶危救困、救济窑工而被尊为窑神。

供奉窑神的地方，既有专门的窑神庙，如门头沟圈门的窑神庙，也有附于佛寺、道观中的窑神殿，如王村月岩寺、大寒岭毗卢寺、禅房村秀峰庵、木城涧玉皇庙等，还有的供奉在村口的过街楼上，如灵水村的过街楼。最常见的是每座煤窑窑口上方的窑神龛。开窑时打好了窑口，先修窑神龛，供奉窑神像。窑神像两边贴上"乌金墨玉""石火观恒"之类吉祥语词，以祈求窑神保佑平安。

窑神祭祀活动：祭祀窑神活动最迟在明代已流行于京西矿区，每年有窑神生日祭、开窑祭、复工祭、节日祭和日常祭祀等几场。其中，窑神生日祭最为隆重。传说农历腊月十七（房山等区县则选腊月十八）是窑神爷的生日。是日，各窑窑主、煤厂老板齐聚窑神庙，由煤业公会主持祭祀窑神，三牲供品，三拜九叩。之后大家入席宴饮，商谈公事，协调关系，化解矛盾。窑神庙周边，窑工、家属及乡民前来看热闹，有商品交易、花会表演等，戏台上连演三天大戏，唱完日场唱晚场，热闹、喜庆的气氛胜过春节。

其次是正月十五的大祭，把窑神祭祀与元宵节结合起来，是京西矿区特色之一。每年正月十五至十七，其盛况不亚于窑神生日祭。特别之处在于，其间有"旺火堆"习俗：由窑主出煤，在窑场和街口用上好的煤块垒成下大上小的金字塔形煤堆，点燃后持续燃烧三四天，大家围着火堆唱歌、跳舞，祈祷生活像火一样旺腾。此外，还有幡会表演。不同于其他地方的是，幡旗上绣有窑神像，表现出煤业文化的特色。

九龙山庙会：门头沟区的九龙山附近曾有大小煤矿（窑）上

千座。山上的娘娘庙初建于明代末年，由窑主、窑工们集资修建。所供奉的九天玄女娘娘，被视为煤炭行业的保护神。每到农历五月初一和九月初一，以门头沟圈门"十三会"为主的数十档民间花会一起出动，转遍附近数十里各村，载歌载舞，带动周边各矿区窑工和乡民一起上山朝奉，在娘娘庙举行盛大的祭神仪式。其气势、规模享誉京城，是京郊最大的行业性庙会。

特殊的生产、生活习俗：除了祭祀文化，永定河流域煤矿产区还流行着相似的行规、行话、民谚和禁忌等。比如：矿工们下井前要先聚集在窑口外抽支烟、晒会儿太阳；喜欢围一条红色的棉"腰子"用来避邪防寒；由于老鼠具有安全提示作用，矿工们在煤窑中都要善待老鼠，不许哄打；忌讳在窑场内外出现桑木（因"桑"与"丧"谐音）；不准出怪声和吹口哨（代表哭声）；下井前不准吃大蒜；等等。

京西永定河流域的煤矿工人是北京最早的产业工人，分布地域的相对集中和行业的特殊性共同构成了京西地域板块上独有的文化传统和习俗。无论是窑神祭祀还是各种行规、禁忌，都是源于采煤业的高风险性。在科学技术落后、生产力水平低下的历史时期，人们难以抵御各种灾难的发生，从而去求助于神灵，求得一种心理上的安慰。但由此而创造、演化出来的一切具有文化意义和科学性的东西却是值得人们继承和发扬的。

红色文化

前面说到永定河流域的军事文化时,已经提及,在中国人民的革命斗争史上,永定河流域占有重要的一席之地。永定河流域的人民为中国新民主主义革命的胜利,做出了巨大贡献。

1919年爆发的反帝反封建的"五四"爱国运动,拉开了中国新民主主义革命的序幕,而"五四"爱国运动的策源地就是北京。从沙滩红楼到天安门广场,再到卢沟桥畔的长辛店,共产党人领导的革命运动从此星火燎原。

1931年"九一八"事变后,东北三省被日本侵占,引发华北危机,中国危机!1935年12月9日,北平爱国学生在中国共产党的领导下,举行声势浩大的抗日救国示威游行,发出了"反对华北自治运动""停止内战,一致对外""打倒日本帝国主义"的怒吼。这就是著名的"一二·九"运动。它得到全国人民的声援和响应,从而在全国掀起了抗日救亡的高潮。

1937年7月7日,日本侵略军蓄意制造事端,向驻守卢沟桥宛平城的中国军队发动进攻。国民党军宋哲元部、傅作义部等官兵在北平城郊和长城内外奋勇抗击日寇,二十九军副军长佟麟阁、一三二师师长赵登禹,都在南苑壮烈牺牲。八路军一一五师、一二〇师奉命由陕北东渡黄河,挺进晋察冀边区,建立了著名的晋察冀抗日根据地,而永定河中上游流域就是晋察冀抗日根据地的核心地区。1938年3月,八路军一一五师一部由邓华率领,挺进北平西山,建立平西抗日根据地。同年5月,八路军一二〇师一部由宋时伦率领,也进入平西抗日根据地,与邓华部在斋堂川会师,组成八路军第四纵队,在平西、冀北、冀东同日寇展开游击战。1939年初,萧克、马辉之又奉命率部进到斋堂川上、下清水村,并成立冀热察挺进军,进一步在北平周围山区开展敌后游击战和建立抗日根据地。今门头沟区斋堂、马栏、黄塔等地,都曾是八路军抗日挺进军司令部的驻地。晋察冀抗日根据地的广大人民群众,积极支援八路军的抗日斗争,为抗战胜利做出了卓越的贡献。

解放战争时期,决定中国前途和命运的"三大战役"之一的平津战役,战场就在永定河上下游流域。1948年冬,辽沈战役结束后,华北地区的国民党军60余万人集中在北平、天津、塘沽、唐山、张家口等几个城市,观风望势,负隅顽抗。中国人民解放军东北野战军(四野)与华北野战军的第二、第三兵团,密切协同,在人民群众的大力支援下,迅速完成了对华北国民党军的战略分割和包围,先后攻克新保安、张家口,又对天津发起总攻,经过29个小时的激战,全歼守敌13万余人,解放了天津,迫使国民党"华北剿总"司令傅作义将军率领部属起义,接受解放军的改编。1949年1月31日,北平宣告和平解放,平津战役胜利结束。这为解放战争在全国的最后胜利奠定了基础。

为争取中华民族的独立解放,无数先烈的热血抛洒在了永定河流域。因而，永定河流域也就有了很多的革命纪念馆、纪念地、纪念碑、烈士陵园等。如京西万安公墓有李大钊墓，卢沟桥头宛平城有抗日战争纪念馆，张家口有察哈尔烈士陵园，怀来县南山堡有董存瑞纪念馆等。在门头沟区，抗日战争中邓华、宋时伦支队会师旧址（杜家庄）、八路军第四纵队司令部西斋堂旧址，挺进军司令部马栏旧址、塔河旧址等都保存较好，成为爱国主义教育的大课堂。

除上述九大类别的文化，永定河文化中还应包含古人类文明起源和地质科学百科全书这两大内容。永定河流域有许多重要的古人类文化遗址。考古工作者在山西朔州市（原朔县）峙峪、阳高县许家窑、河北阳原县泥河湾、北京门头沟区东胡林、东城区王府井大街等地，都发现了史前不同时期的古人类文化遗址，表明永定河流域是东方文明的起源谷、中华文化的发祥地。这在前文已有详述，故此不赘。

永定河中上游流域还是一个天然的地质博物馆，中生代侏罗纪和白垩纪地层在北京西山广泛分布，从下到上、由老到新可分为门头沟统、九龙山统、髫髻山统（以上属侏罗纪）、岔道统、坨里统（属白垩纪）等不同地层，并夹有火山岩系。永定河上游流域虽是陆地，但曾经有一系列大的湖泊，因此形成典型的湖相沉积。今官厅水库所在的怀来—延庆盆地，当时就是一个大湖泊。在第四纪更新世初期，这里形成了标准的湖相沉积地层，称之为泥河湾地层，内含大量的哺乳动物化石，特别是含有标志性的灯笼蚌等化石。在门头沟区马栏村一带，第四纪黄土剖面极为典型，被地质学家命名为马栏黄土。在北京西山还有很多第四纪冰川痕迹，如石景山"模式口冰川擦痕""隆恩寺冰川擦痕"。更重要的是，1962年，地质学家李四光在八大处的从第五处龙泉庵到第六处香界寺的山路左侧发现了一块长圆形的砾砂岩巨石，被确认为第四纪冰川漂砾，也就是闻名中外的"八大处冰川漂砾"。

总而言之，永定河流域是一座巨大的地质学和古人类学的科学殿堂，也是一部内容丰富的、包罗万象的自然科学教科书。

---

① 《三国志》卷十五《刘馥传附刘靖》，中华书局，1997年。

② （明）沈榜《宛署杂记》卷二十，第266、272页，北京古籍出版社，1980年。

③ （清）于敏中等《日下旧闻考》卷一〇四《郊坰西十四·戴斗夜谈》，北京古籍出版社，1983年。

④ 《旧都文物略》卷八《名迹略（下）》，第193页，书目文献出版社，1986年。

⑤ （清）于敏中等《日下旧闻考》卷一〇五《郊坰西十五》，北京古籍出版社，1983年。

⑥ （明）沈榜《宛署杂记》卷四《山川》，第28页，北京古籍出版社，1980年。

⑦ （清）于敏中等《日下旧闻考》卷一〇四《郊坰西十四》，北京古籍出版社，1983年。

⑧ （清）富察敦崇《燕京岁时记·妙峰山》，北京出版社，

1961年。

⑨《大明一统志》卷五《隆庆州·山川》,三秦出版社,1990年。

⑩《嘉庆重修一统志》卷三十九《宣化府·山川》,上海书店,1984年。

⑪《大明一统志》卷五《隆庆州·山川》,三秦出版社,1990年。

⑫顾祖禹《读史方舆纪要》卷十七《延庆州》下,中华书局,1955年。

⑬《汉书》卷五十一《贾山传》,中华书局,1962年。

⑭《析津志辑佚》,北京古籍出版社,1983年。

⑮《元史》卷九十四《食货志》,中华书局,1976年。

生机再现——永定河展望

中华人民共和国成立迄今，北京在永定河流域的河道整治、水库建设以及其他水利事业方面，都取得了前所未有的巨大成就。永定河的治理，关系到城市生态安全与防洪、供水的大局，依然是北京地区水利事业的重点之一。20世纪70年代以后，城市膨胀、人口激增、生产消耗、环境污染以及区域性的气候干旱，使北京的水资源由基本适用变为严重短缺，水环境也随之趋于恶化，直至成为制约北京可持续发展的瓶颈。在这样的大背景下，治理永定河的重心也从早期以防洪抗旱、城市供水为主，转移到防风治沙、节水抗旱、防治水污染、保护水环境等方面。尤其是进入新世纪以来，人们开始从生态和文化的战略高度审视永定河的重要性，重新全面制定永定河流域的发展规划，从而开启了永定河见水见绿的再生计划，唤醒了古老母亲河的勃勃生机。

从根治洪患到复水见绿

历史上,永定河的洪水泛滥给人们留下了挥之不去的阴影,筑堤防洪一直是治理永定河的主要措施。民国时期几经规划的修建水库拦蓄洪水的方案,在1949年中华人民共和国成立后才终于变为现实。

拦洪蓄水,缚住苍龙

1951年10月正式动工修建官厅水库,至1954年7月交付使用,蓄水运行。官厅水库成为中华人民共和国第一座蓄水10亿立方米以上的大型综合利用水库,控制了永定河流域面积的92.3%,约为4.34万平方公里。1987—1989年扩建后,总库容41.6亿立方米,其中防洪库容29.9亿立方米,兴利库容2.5亿立方米。设计洪水为千年一遇,相应库水位484.84米,使下游河道治理与防洪的基础更加稳固。官厅水库建成后,成功拦蓄大于1 000立方米/秒的洪水共计8次,削减洪峰70%~90%,有效减轻了下游的洪涝灾害。

除了官厅水库外,北京市境内还在1970—1974年修建了斋堂水库,位于官厅山峡清水河峡谷处,控制流域面积354平方公里，占清水河流域面积的61.9%，拦洪蓄水作用明显。1974—1980年在门头沟区下马岭沟左侧支沟还建成了苇子水水库，但由于遭遇连年干旱，尚未发挥拦洪蓄水效益。上游张家口、大同地区在永定河的干支流上也修建了一系列水库，大型的如友谊水库、册田水库等。

卢沟桥至三家店段的左岸堤防，是北京城的安全保障。北京市农林水利局1952—1956年调查发现，回龙庙、衙门口、庞村等险工堤段大多年久失修。为排除隐患，从1967年到1983年进行了7次加固、延伸和治理。卢沟桥至梁各庄（属河北省固安县，隔永定河与大兴相望）河段，是永定河在北京市境内频繁摆动淤浅的平原河段。1958年8月25日，水电部在北京召开永定河下游河道整治会议，提出了卢沟桥至梁各庄段"三固一束"的整治原则：固定险工，以改善并解决永定河的防汛问题；固定流势，以保证行洪顺畅；固定滩地，以防止滩地显没无常；束窄河道，使河槽逐渐刷深。随后，据此确定了左右两岸的治导线，用土石丁坝、顺坝、护岸、护坝、堵塞串沟、植雁翅林和边缘柳等工程加以控制。在北京市管段内，1959—1961年修建各种丁坝、顺坝71段，沙柳盘头5段，护坡5段，护坝41段以及部分雁翅林。分洪滞洪工程建设，首推1985—1987年完成的卢沟桥分洪枢纽工程，包括在卢沟桥以上新建永定河拦河闸、改建小清河分洪闸、扩建大宁水库为滞洪水库。

经过这一系列建设和整治，永定河的滚滚洪浪的确被有效地遏制，自1958年以后，基本没有发生过大的洪水。永定河实现了真正的安澜永定,并为北京城的供水供电发挥了显著效益。

治污还清,生态修复

浑流被束,灾患消除,但是很快,永定河又被新的危机困扰。20世纪70年代后,由于上游地区工农业和采矿业的发展,人口增加,植被退化,用水剧增;再加上气候持续干旱,降雨稀少,致使上游来水不断减少,永定河三家店以下常年断流,引发了河床沙化、植被破坏等生态问题,干涸的永定河河床成了城市风沙的来源之一。永定河的生态退化不仅成为经济发展特定阶段人口、资源、环境矛盾的具体体现,也成为沿线区县经济社会可持续发展的制约因素。20世纪90年代后,随着永定河流域社会经济的进一步发展、沿岸城市规模的不断扩大,各种污水和废弃物也急剧增加,使官厅水库等水体污染越来越严重,它已经不能作为城市生活供水水源,1997年被迫退出饮用水供水系统。

官厅水库建成后,年入库水量即呈现逐渐减少的趋势,特别是20世纪90年代仅为4.47亿(立方米/年),比多年(1953—1996年)平均值9.8亿(立方米/年)减少50%。而位于上游桑干河上的册田水库,基本控制了上游来水,流域供水量仅能满足工业、农业和生活用水三个方面。水资源的平均重复利用率接近70%,该流域水资源已极度匮乏。据统计,2005年平水年条件下洋河流域需水量为9.06亿立方米,缺水1.27亿立方米;桑干河流域需水量为4.62亿立方米,缺水0.89亿立方米。如此严峻的缺水危机势必挤占生态用水，从而影响到生态环境的正常运转。

官厅水库1953—1996年径流量变化表

时　段	平均年径流量（亿立方米）
1953—1959年	19.54
1960—1969年	12.86
1970—1979年	8.41
1980—1989年	5.02
1990—1996年	4.47
1980—1996年	4.79
1953—1996年	9.8

20世纪80年代以前，北京市的农田灌溉还主要以地表水为主，官厅水库是其中的重要水源之一。1983年以后，官厅水库停止供水，渠灌区变成井灌区，原有的渠道和水利设施处于荒废状态，永定河三家店以下开始断流。

永定河断流给下游带来的生态影响是巨大的：卢沟桥以下沿河的柳树、沙柳盘头、沙柳丁坝和雁翅林等生物防护措施因植物枯死而失效，不得不改建成浆砌石、混凝土等硬化防护工程；河道的废弃使得两岸的建筑和企业用地不断将河道侵占；干枯的河床上要么成为堆放垃圾和废弃物的场所，要么成为挖沙、采石者的天然宝矿；由于气候干旱和河床沙化，每到冬春季节，西北风顺河而下，形成"风廊"，风沙弥漫，扬尘蔽天，成为危害北京的五大风沙源之一。此外，两岸的厂矿企业持续不断地向废河道

20世纪七八十年代的永定河

排放污水，造成了全流域严重的水污染。

总之，到20世纪末，永定河从历史上的洪灾频仍，到全流域河水几近枯竭；从曾经的"清泉河"美誉，到浑水、黑水水质严重超标；从中上游的茂密森林，到日益加剧的荒山秃岭和水土流失；从曾经为城市供水、农业灌溉，到不得不引再生水回补入河……永定河在自然因素和人为因素的影响下，变成了上游水少水脏、水土流失，下游河道断流、河床沙化这样的一幅景象。

进入21世纪，随着科学发展观的深入人心，人们对于永定河的生态状况和功能定位有了重新认识，意识到对母亲河的保护刻不容缓。国家制定了《21世纪初期首都水资源可持续利用规划》，建设一条安全、清洁、亮丽、和谐的永定河，让母亲河重现生机和风采，成为21世纪北京水利事业的奋斗目标。

该《规划》从抗旱防洪工程、河道及环境整治、水源保护和生态修复、绿色生态发展带等全方位对永定河的治理提出了目标、原则和实施方案。按照规划中制定的"永定河流域上中下游相结合、治河先治污"的治理原则，北京市将官厅水库入库口到永定河出山口三家店拦河闸分为两大治理区域：官厅水库入库口和库区、周边为一个区域，官厅水库下游的百里山峡为一个区域。在官厅水库三个入库口建设黑土洼、八号桥及野鸭湖湿地，上游来水首先经过湿地，通过湿地的水净化系统削减入库污染物。在库区周边采取环湖生态防护措施，建设污水处理厂；部分地区禁止农耕，建设二级保护区，退耕还林，封库禁渔。在永定河山峡段，进行生态修复，建设绿色生态走廊。三家店库区则进行清淤、治污。随着这些措施的实施，官厅水库到三家店的出库水质基本达到了三类水体标准。2010年，永定河又恢复成为北京城区的饮用水源。

同时，为确保首都供水安全，增加官厅水库蓄水，在水利部大力协调下，自2003年开始，连续六年从河北、山西省向北京集中输水，累计输水3.1亿立方米。

2005年以后，根据北京市委、市政府对永定河的治理提出的新指示——"探索生态修复新路子，建设更加良好的生态环境，实现更高水平的可持续发展"，北京市水利规划设计研究院研制出《永定河绿色生态走廊建设规划》[①]。该《规划》要在总体上打造永定河"一条生态发展带、三段功能分区、六处重点水面、十大主题公园"的空间景观布局，为两岸五区创建优美的生态水环境。其具体方案如下：

一条生态发展带：营造河滨带，建设湿地、滩地绿化，湖溪贯连，水绿相间的永定河绿色生态发展带。

三段功能分区：山峡段源于自然，维护生物多样性，保护天然河道；城市段融入自然，治污蓄清，重点区域和交通节点形成水面；郊野段回归自然，有水则清，无水则绿，封河育草，绿化压尘。

六处重点水面：建设门城湖、莲石湖、园博湖、晓月湖、宛平湖、大宁湖六大湖泊，淙淙溪流贯行其间。

十大主题公园：充分利用既有砂石坑、垃圾坑、河滩地，建设十大主题公园——门城滨水公园、麻峪湿地公园、首钢滨河公园、南大荒公园、园博园、晓月人文休闲园、长堤公园、稻田湿地公园、马厂湖景园、大兴滨河生态园。

此《规划》实施后将建成长170公里、面积1 500平方公里的绿色生态发展带，新增水面1 000公顷、绿化面积9 000公顷，形成有水有绿、生态良好的北京西南生态屏障。该《规划》的建设工程已于2010年启动，首批进行的是门城湖、莲石湖、晓月湖、宛平湖和循环管线工程，简称"四湖一线"工程。其任务主要是治理河道14.2公里，总面积550公顷（相当于2个颐和园的面积），其中水面面积270公顷（相当于昆明湖水面面积的1.4倍），河滨带面积280公顷，铺设20公里循环管线及修建泵站3座。而后推进的工程有园博园潜流湿地、南大荒潜流湿地和小清河综合治理。这一系列生态修复工程的基本理念是"以水带绿，以绿养水"，运用干涸条件下的再生水补渗及以生物为主的河床、滩地、堤防生态修复新技术，营造出"丰水多蓄，水少多绿，水退草丰，水绿相间"的大型城市湿地型河流。

目前，按照此《规划》的治理工作已卓然见效。门城湖、莲石湖、晓月湖、宛平湖四湖共蓄水564万立方米，形成景观水面270万平方米，四个湖泊各具特色，波光潋滟，被溪流、湿地串联在一起，像四颗璀璨的明珠，镶嵌在京西大地。

2009年，北京市又出台《促进城市南部地区加快发展行动计划》，明确提出，以改善河道生态环境为基础，结合首钢搬迁、门头沟新城建设、丰台河西地区开发等，优化调整两岸土地及产业发展规划，增强产业聚集竞争优势，将永定河沿岸地区逐步建设成为兼具优美生态环境和良好经济发展态势的水岸经济带。其主要内容是：

1. 结合新农村建设工程，大力发展水岸农业生态经济。

西南五区的农业均具有区域特色，经过多年发展已各树品牌。永定河水岸生态建设，可充分利用丰台区"北方最大"的花卉基地、门头沟区特优果品培育和特畜特禽养殖业、房山农业科技创新品牌等优势资源，打造包括花卉园、观赏草皮培育园、无公害蔬菜园、特色果园在内的水岸农业生态示范园；利用各区养殖业及加工业的成熟经验和稳定市场，充分发挥水资源优势，带动水产品养殖业、特色禽畜业及特色禽畜产品加工业的发展。这样不仅会大大改善河岸生态环境，而且将带来可观的经济效益和社会效应。

2. 加大投资力度，大力开发生态休闲、旅游、创意文化产业。

随着现代都市交通运输体系的大力发展，城市河流的功能大都不再表现为航道运输，而是逐渐转变为生态休闲和旅游娱乐之所。从长远发展看，永定河水岸经济带的开发应主要定位在生态休闲、旅游娱乐方面，这与首都北京的长远规划相适应，也是永定河作为首都"母亲河"应当承载的时代使命和功能。

北京城悠久的历史文明、深厚的人文积淀，为永定河的河岸商业圈建设提供了发展源泉。永定河作为京城"母亲河"，有着丰富的人文内涵和深厚的历史底蕴，因此结合区域文化及自然景观特点，大力促进水岸文化创意产业的集聚，打造品牌文化节，形成别具一格的河岸经济文化是发展永定河水岸经济带的重要方面。

为此，西南五区本着"治水必须同时治沙、治沙和建设生态环境结合"的原则和"有水则清、无水绿化"的理念，因地制宜地实施了各区段自己的永定河治理方案，在河道治理、截污治污、景观设计、文化保护和挖掘等方面均有显著成效。

门头沟区结合生态涵养区的功能定位，对永定河的生态治理从水源保护地做起，从山脚到山顶建设"生态修复、生态治理、生态保护"三道防线：第一道防线位于人口相对稀少的远山，实行封山育林，营造水土保持和水源涵养林，提高林草植被；第二道防线在人口相对密集的浅山丘陵，集中治理农村污水、垃圾问题，做到达标排放；第三道防线在河道两岸和湖库周边地区，恢复水道景观生态，进行环境综合整治。并将区内的永定河水岸经济定位于"绿色生态发展带"，重点规划绿色农业发展区，涉及门头沟军庄、龙泉、永定3个镇。

永定河石景山段的功能定位是城市防洪景观河道。因此，石景山区对沿河滩地进行了综合整治，平整场地、清除垃圾、封滩育草，改善环境，使石景山段的永定河成为文化河、生态河、景观河以及休闲旅游带。石景山段的水岸经济带建设则集永定河的治理、保护和开发,恢复湿地景观,改善生态环境于一体,结合西部地区基础设施建设的推进,着力宣传永定河文化,保护好永定河古灌渠、石景山、金口、模式口、八大处、首钢工业园的文化遗产景观,展现"山水仙境、创意城区"的总体形象,大力发展休闲健身、旅游观光、创意文化和商业服务等产业,促进石景山西部地区和周边区域经济联动发展。

处在"永定河水岸经济带"核心地段的丰台区为落实《城南计划》的行动规划,拟建设"一条廊道,五个项目区",扮靓北京母亲河,着力打造人文、环保、科技、宜居为一体的绿色产业经济带。"一条廊道"是指以永定河为主线形成永定河生态走廊。"五个项目区"包括永定河历史文化园区、桥西街及水岸古城整体建设开发区、宛平湖建设区、晓月湖生态系统构建区和卢沟桥农场生态修复区。为此,丰台区加大城市环境建设力度,在永定河以西建设再生水厂,推进河道治理、生态绿化、供水排水管网、垃圾处理等设施建设。依托永定河河西浅山丘陵地区山地、生态、温泉、农业四大特色资源,以南宫旅游景区、北宫国家森林公园、鹰山森林公园、千灵山风景区等为主体,推进河西生态休闲旅游区建设,打造北京旅游胜地和"文化会都"。永定河丰台段的生态恢复初见成效,白鹭、野鸭、黑天鹅、野鸡、野兔子等都已在永定河畔安家,生态环境的改善也为麋鹿提供了很好的生存环境。

永定河下游的大兴段属于平原地带,流域生态恶化的后果在这里曾经体现得尤为充分:"风来滚沙丘,四季都有灾;雨来水横流，十年九不收""晴天一身土，雨天一身泥"。这是以前大兴区永定河畔的村民们对周边环境的真实总结。而盘踞在永定河边的几十家砂石料场更是给这里带来了一条黑色产业链。2014年开始，大兴区集中整治清理了这些砂石料场，并对腾退后的土地进行有序流转，合理利用，绝大部分土地纳入了平原造林工程。而2012年就已启动的平原造林工程，就此进入持续深入、多层次的绿化美化建设中。漫步在永定河畔，一条色彩靓丽的绿色廊道已初步呈现。同时，大兴区加快推进了永定河故道湿地南海子、长子营湿地公园建设，高标准推进新凤河、天堂河城市段环境建设，实施永定河引渠等7条河道综合治理工程，努力营造水清、岸绿的滨河休闲环境。京南40公里的大兴新机场周边，约25平方公里的生态湿地正在建设中，它不仅能够为新机场降尘、减噪，还承担着蓄滞雨洪的功能。

让永定河起死回生，一直是首都市民的梦。自2010年北京市启动实施永定河绿色生态走廊综合整治工程以来，相关各区县积极行动起来，配合环境治理和生态修复工程，进行结构调整、产业升级。如今，门城湖、莲石湖、晓月湖、宛平湖、园博湖、南海子以及永定河畔的多处湿地景观已初具规模，不仅为市民提供了良好的游览、运动、休闲和亲水空间，也给沿岸新的经济、文化布局带来了更适宜的地理基础。

从生态修复到文化带建设

北京市自 2009 年以来实施的"五湖一线"治理工程,切实改善了永定河北京段的景观风貌,但还属于局部的改善,永定河流域的整体环境状况仍在退化中。随着京津冀协同发展的国家战略的实施,对永定河的治理才进入了一个更加全面和深入的、新的历史时期。

着眼于京津冀协同发展的全流域治理

2016 年是落实《京津冀协同发展规划纲要》的重要一年,也是永定河综合治理与生态修复工作启动之年。该年底,国家发展改革委、水利部、国家林业局联合印发了《永定河综合治理与生态修复总体方案》(以下简称《总体方案》),这份针对永定河的方案,是北方首个跨省市系统治理河道的文件。《总体方案》根据流域水资源自然条件和生态状况,要求各省市将集中利用 5~10 年时间,逐步恢复永定河全流域生态系统,将永定河打造成为一条蓝绿交织、贯穿京津冀晋的绿色生态廊道。

《总体方案》按照"生态景观轴、绿色发展轴、文化休闲轴"三轴合一的理念,旨在加快推进永定河综合治理与生态修复。京

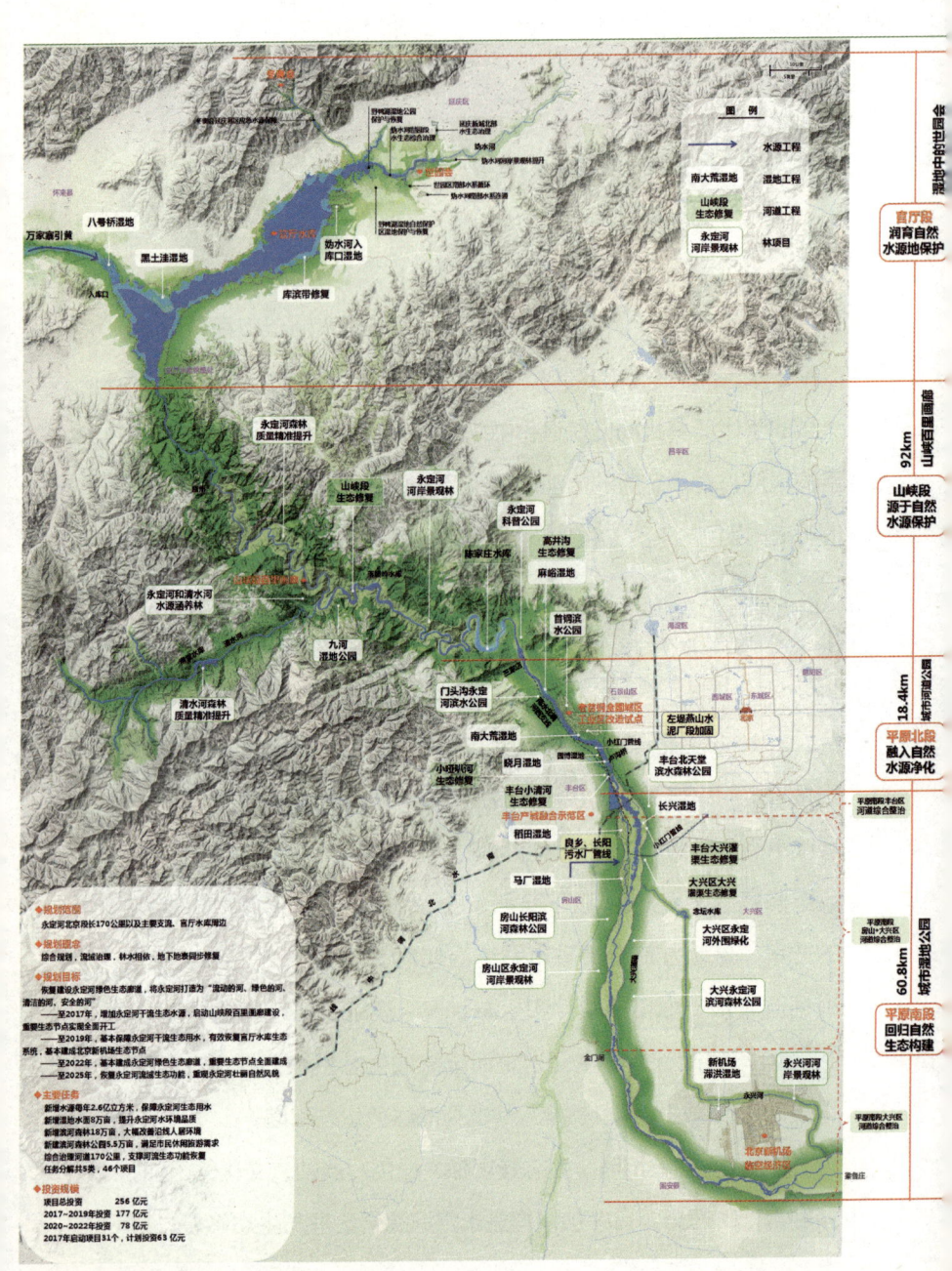

永定河综合治理与生态修复示意图

津冀晋四省市将在永定河率先推行"河长制"，地方政府将成为责任主体，明确分工及年度实施计划。长达740余公里的永定河河道，将被划为4段区域。其中三家店以上为水源涵养区、三家店至梁各庄为平原城市段、梁各庄至屈家店为平原郊野段、屈家店至防潮闸为滨海段。

依据《总体方案》，北京市快速跟进，于2017年5月发布了《北京市永定河综合治理与生态修复实施方案》。根据这一方案，永定河北京段将形成"一条蓝绿交织的生态走廊""三个林水相融的生态节点"，以及"三段各具特色的功能区"。具体如下：

一条生态走廊：永定河北京段170公里将形成溪流—湖泊—湿地相连不断的绿色生态廊道，包括山峡段的百里画廊和平原段的森林—湿地。

三个生态节点：官厅水库周边、新首钢周边和北京新机场临空经济区周边。官厅水库将通过建设官厅水库8号桥湿地、妫水河入库湿地等湿地群，以及官厅水库水源保护、水库河滨带修复和妫水河水质提升，大幅增加湿地水面、森林，打造湿地中的世界园艺博览会，支撑2019年北京世界园艺博览会和2022年北京冬季奥运会等重大活动的举办。新首钢周边，将通过建设麻峪湿地、南大荒湿地、首钢水系连通、首钢遗址公园和滨河水绿生态修复，扩大绿色生态空间，成为长安街西延通向自然的轴线，渗透带动北京中心城绿色发展。北京新机场临空经济区周边，将通过建设稻田湿地、马厂湿地、长兴湿地、永兴滞洪湿地和滨河森林公园建设，形成湿地连成线、森林连成片的生态廊道格局，打造首都南大门壮美的大地艺术景观，奠定临空经济区加快发展的生态基础，为京津冀协同绿色发展提供示范。

三段功能区：一是官厅水资源保护区，主要功能是增加入库流量，提升水质标准；二是山峡水源涵养区，主要功能是防治水土流失，增强水源涵养能力，加强涵养林建设和河道生态修复；三是平原生态区，将主要展现生态休闲服务价值，营造大型人、水、绿共享的河流公园格局。

按照《总体方案》所计划的，到 2020 年，永定河河流生态水量将得到基本保障，河流水环境状况明显好转，生态功能得到有效提升，防洪薄弱环节得到治理，跨区域协同体制机制基本建立，初步形成永定河绿色生态河流廊道。

据水利规划设计研究院专家邓卓智介绍，为了实现这一目标，北京市正实施每年为永定河注入高达 7 500 万立方米的中水，用于补充水体。还计划从万家寨引山西、内蒙古等省、自治区的黄河水入官厅水库，为永定河补充水源。

如今的永定河沿岸，已经被一片绿色覆盖。河道两侧 30 米范围内，耐旱的元宝枫、栾树、黄栌、侧柏等树种形成一条完整的防风固沙的绿色屏障，黄沙滚滚的河滩地变成了溪水—湖泊—绿道相连的景观带。站在修葺一新的三家店水库堤岸上远眺，可以看到上百亩的开阔水面，河水清澈透明，两岸绿树成荫，蝴蝶纷飞，水鸟悠闲。永定河正在成为京西南地区最大的绿色平台，将重现人水和谐的美丽画面。

今日卢沟桥附近的永定河景象

以文化带建设唤醒永定河之魂

就在永定河流域生态景观逐渐恢复之际,一个居于更高战略格局的规划也已形成。为落实习近平总书记两次视察北京重要讲话的精神,确立首都全国文化中心的城市战略定位,2016年6月,《北京市"十三五"时期加强全国文化中心建设规划》中提出了重点实施"两线三区四带"工程,其中"四带"是长城文化带、西山文化带、大运河文化带、京西近代工业遗产带。2017年6月,经专家学者们建议,又将西山文化带修改为西山永定河文化带,突出了永定河文化的重要性。2017年9月,在正式发布的《北京城市总体规划(2016年—2035年)》中,明确将大运河文化带、长城文化带和西山永定河文化带作为北京历史文化名城保护体系的重要内容。

诚如本书前文所述,永定河也是一条文化河,从上游到下游,从远古到当今，其文脉绵长延续不断，发展至今，俨然是一条连通京津冀晋灿烂文明的大文化带。这条文化带具有历史悠久、内涵丰富、包容大气、底蕴深厚的特点，见证了中华民族融合发展的历史进程，体现着各个历史时期、不同民族文化发展的成果精髓。其文化形态多样，覆盖了从史前至当代漫长的历史时期，文化遗产和风景名胜区众多，文物保护单位级别高，仅北京就有包括了世界文化遗产和国家级、市级等各级文物保护单位 400 余处。从文化入手保护和治理永定河流域，这是站在国家战略高度的深远布局之举，是在更大格局、更广视野中审视永定河的文化价值，发挥永定河流域山水同源、文化同脉的优势，为提升整个流域的社会发展水平注入灵魂和永恒的动力。这一《规划》的提出，也为保护传承发展永定河文化提供了千载难逢的历史性机遇。

规划建设西山永定河文化带的总体目标是：全面保护、传承、利用好各类历史文化资源，打造标志性文化品牌，为京津冀协同发展搭建深度交融的桥梁，为首都建设全国文化中心注入独特的文化内涵。按照地域划分，北京境内的西山永定河文化带北以昌平南口附近的关沟为界，南抵房山拒马河谷，西至市界，东临北京小平原。行政区包括昌平、海淀、石景山、丰台、门头沟和房山六区的全部或部分，几乎占据了北京市总面积的 17%。在这么大范围的区域内，建设的重点内容包括：依托三山五园地区、八大处地区、永定河沿岸、大房山地区等历史文化资源密集地区，加强琉璃河等大遗址保护，修复永定河生态功能，恢复重要文化景观，整理商道、香道、铁路等历史古道，形成文化线路。

生机再现——永定河展望 / 225

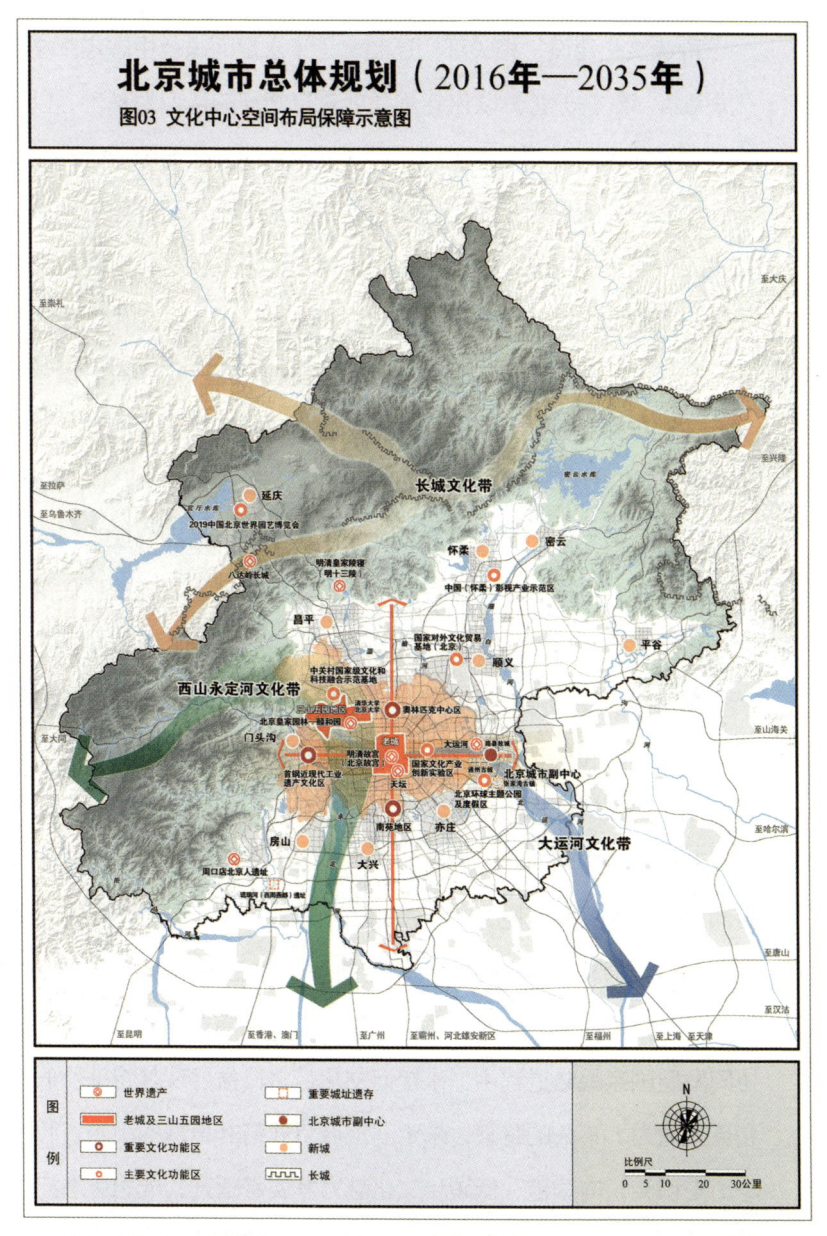

文化中心空间布局保障示意图（《规划》附图03）

围绕文化建设,相关部门还制定了《永定河绿色生态走廊文化规划》。该《规划》以永定河是北京母亲河的认识为基础,以弘扬、展现永定河文化为主题,以实现永定河文化与绿色生态融合、浑然一体的绿色生态走廊建设为目标,为永定河绿色生态城市发展带建设提供文化支撑。将永定河文化恢复和文化产业发展作为一项重要内容,着力推动文化资源城乡共享、以文化资源为基础的相关产业发展,特别是旅游业的发展。在永定河流域设置了6类重点文化聚集区(带),包括沿永定河滨水空间的水文化聚集带;以三家店、琉璃渠为基础的古村落文化聚集区;以宛平城、二七车辆厂为基础的爱国主义教育聚集区;以戒台寺、模式口为基础的宗教文化聚集区;以良乡、大兴高教园区为基础的现代文化传播区;等等。

永定河的规划建设标志着北京回归绿色生态和文化精神的复兴,以生态涵养和文化驱动为主题的永定河流域综合治理,不仅将为北京的上风上水带来极大改观,还必将为相邻的雄安新区的长足发展提供广阔而纵深的环境背景和人文支撑。倾力打造既有自然地理条件又有历史文化根基的西山永定河文化带,不仅是对北京推进全国文化中心建设,实现"一核一城三带两区"规划的具体实践,也是带动全流域协同发展的重大举措。在实施京津冀协同发展国家战略进程中,永定河文化带将日益展现其特殊价值和巨大潜力。不久的将来,永定河流域将凭借其卓越的山水资源与历史积淀,向绿色、低碳和文化魅力发展带跃升,成为生态河道的示范区、林水相依的景观带、流域文化的展示廊、经济发展的新空间，成为中国极具价值、富有活力的发展区域。

山有魂，水有灵，古老的母亲河迎来了新的生命。期待它生机勃勃、青春焕发地再次回到我们的城市中，与我们相依共存！

————————

①② 相关资料由北京市水利规划设计研究院副总工程师邓卓智先生提供，详见其新浪博客《邓工说水》。

后　记

我们关于永定河的研究肇始于新旧世纪之交。当时，有感于北京的母亲河在 20 世纪 70 年代后日益陷入困境、日渐被人忽视的状况，决定着手挖掘整理永定河的历史，梳理它与北京城的关系，记录它在北京城市史上留下的光辉篇章和沧桑记忆。2000年我们申报的《历史上的永定河与北京》被立为国家社科基金项目，2003 年完成同名书稿。在时任门头沟区文委主任、富有远见卓识的张广林先生支持下，这项成果于 2005 年由北京燕山出版社出版。与此同时，门头沟区的有识之士也对永定河文化做了一些探索和宣传。遂在此基础上，2005 年 11 月门头沟区发起成立了"永定河文化研究会"，掀起了永定河及永定河文化研究的高潮。受此鼓舞，我们对永定河的研究也不断深入，相继出版了《永定河历史文化研究》专辑，发表了有关永定河治理的环境效益、河道迁移及水环境变迁、永定河文化带等方面的多篇论文。2016

年，为配合京津冀协同发展国家战略的实施，我们又开展了《桑干河——永定河流域历史文化资源整合利用研究》课题，将研究视野拓展到永定河全流域。

正是在这一系列研究过程中，我们认识到永定河流域是一个内涵更深、外延更广、内容更丰富、影响更深远的大文化带。因此，在 2017 年 4 月北京市征集关于《城市总体规划（2016 年—2030 年）》草案的意见时，吴文涛女士在北京市社科院要报《看一眼》上提出建议将"永定河文化带"纳入新的北京城市总体规划中，以"构建全覆盖、更完善的历史文化名城保护体系"。这一提议不仅得到北京市领导的肯定性批示，也得到了社科院、北京市地方志办、门头沟区委、北京史研究会、永定河文化研究会等单位专家学者的广泛支持。在大家共同呼吁建言下，2017 年 6 月，开始将"西山文化带"修订为"西山永定河文化带"；2017 年 9 月正式发布的《北京城市总体规划（2016 年—2035 年）》，更是明确将大运河文化带、长城文化带和西山永定河文化带作为北京历史文化名城保护体系的重要组成部分。可见，随着对永定河文化研究的深入和普及，"永定河文化"及"永定河文化带"的概念已经深入人心，这将有力地推动全流域的文化保护和联动发展，为京津冀协同发展战略的实施奠定文化基础，提供学术支撑。从文化入手保护和治理永定河流域，这是站在国家战略高度的深远布局之举，在更大格局、更广视野中审视永定河的文化价值，有利于发挥永定河流域山水同源、文化同脉的优势，为提升整个流域的社会发展水平注入灵魂和永恒的动力。《北京城市总体规划（2016年—2035年）》的提出，也为保护传承发展永定河文化提供了千载难逢的历史性机遇，使我们倍感欣慰，深受鼓舞！

为配合首都全国文化中心建设和"三大文化带"的宣传，北京市地方志办和北京出版社共同策划出版一套"京华通览"丛书。应主办方邀请，我们欣然参加丛书撰写工作，旨在以本书作为简化版的《历史上的永定河与北京》，为广大读者奉献一道知识快餐、精神佳肴！虽然本书是在原书基础上的改写，但对结构、体例做了很大调整；在内容上简化了学术论证过程，加入了很多最新的研究成果，如永定河的变迁对北京水环境的影响、有关永定河文化带的阐述等；把关注的时限从历史时期延伸到了当代乃至最近，力求理论联系实际，展现当代永定河流域保护和发展的成就。

感谢北京市地方志办谭烈飞主任、北京出版社于虹女士对此书的推荐和支持！感谢北京市社科院历史所同仁给予本书撰写工作的切实帮助！本书的纲要、体例在商议确定后，全部书稿由吴文涛女士执笔完成，她耗费心力至多，尤当致谢！

由于时间紧、任务急，书中尚有一些需要雕琢的地方未能尽如人意。受历史资料呈现方式之所限，本书在文字表述上虽力求通俗化、可读性，但仍不免有文白夹杂、晦涩不畅之处。以上种种不足，敬希广大读者批评指正！

尹钧科

2018年1月28日于积粟斋